EMOZIONI IN UNO SCATTO

RITRATTI ARTISTICI

Luca Silvestrin

Prima edizione 2023

Introduzione

In questo fotolibro voglio condurvi in un viaggio attraverso le emozioni catturate in uno scatto.

Sono sempre alla ricerca dei piccoli particolari che possono sfuggire a un occhio meno attento. Mediante prospettive insolite ho voluto catturarne l'essenza, che sia un essere vivente o inanimato, i miei scatti vogliono trasmettere emozioni sia positive che negative.

Ormai siamo in un'era in cui siamo distratti da mille cose che rendono la nostra vita frenetica, ma basterebbe prendersi un momento per sé e osservare quello che ci circonda.

In questo libro troverete foto di ritratti artistici, spontanei e non.

La mia passione non si limita solo allo scatto puro e semplice, ma prosegue anche nelle modifiche utilizzando tre tipologie di colorazioni:

La prima è la colorazione dark, caratterizzata da tonalità cupe, con prevalenza di bianco e nero, ma con qualche accenno di colori tenui.

Il secondo è il black and white (bianco e nero), questa colorazione amplifica i dettagli e rende tutto magico e vissuto.

La terza è il cyberpunk, uno stile molto colorato e futuristico, caratterizzato da tonalità blu e viola.

Ci sono eccezioni in cui non uso nessuna di queste colorazioni, perché ogni foto ha una sua essenza e brilla di luce propria, basta solo bilanciare il contrasto tra luci e ombre. Cerco sempre quale sia lo stile più adatto per ogni singolo scatto.

Ringraziamenti

- Grazie a Lara, Ale e Diletta Sono contento di averti conosciuto in questo percorso.
- Grazie a Nadia e Giampaolo: musicisti, cantanti, modelli e soprattutto amici straordinari.
- Grazie a mia moglie Valentina per avermi sostenuto in questo percorso
- Grazie a Edo, il mio mitico nipote
- Grazie a Valentino, un vero amico
- Grazie a Seba, che salta più alto di vale ☺
- Grazie a Daniel, un piccolo pro con la bmx
- Grazie Giada, Caterina, Arianna e alle loro insegnanti Ilaria e Federica della Dance Dream di Cesenatico per avermi permesso di entrare nel loro mondo.

- E grazie a te che hai acquistato questo fotolibro.

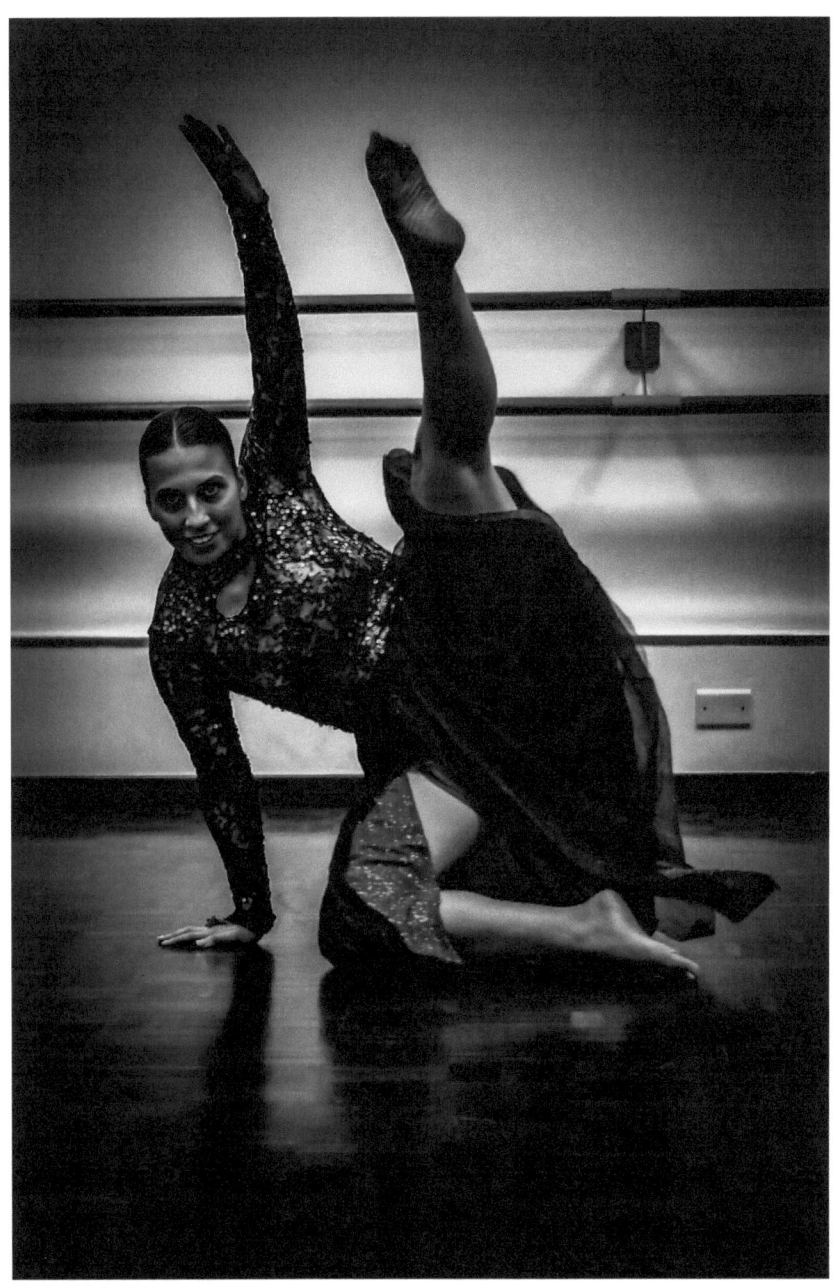

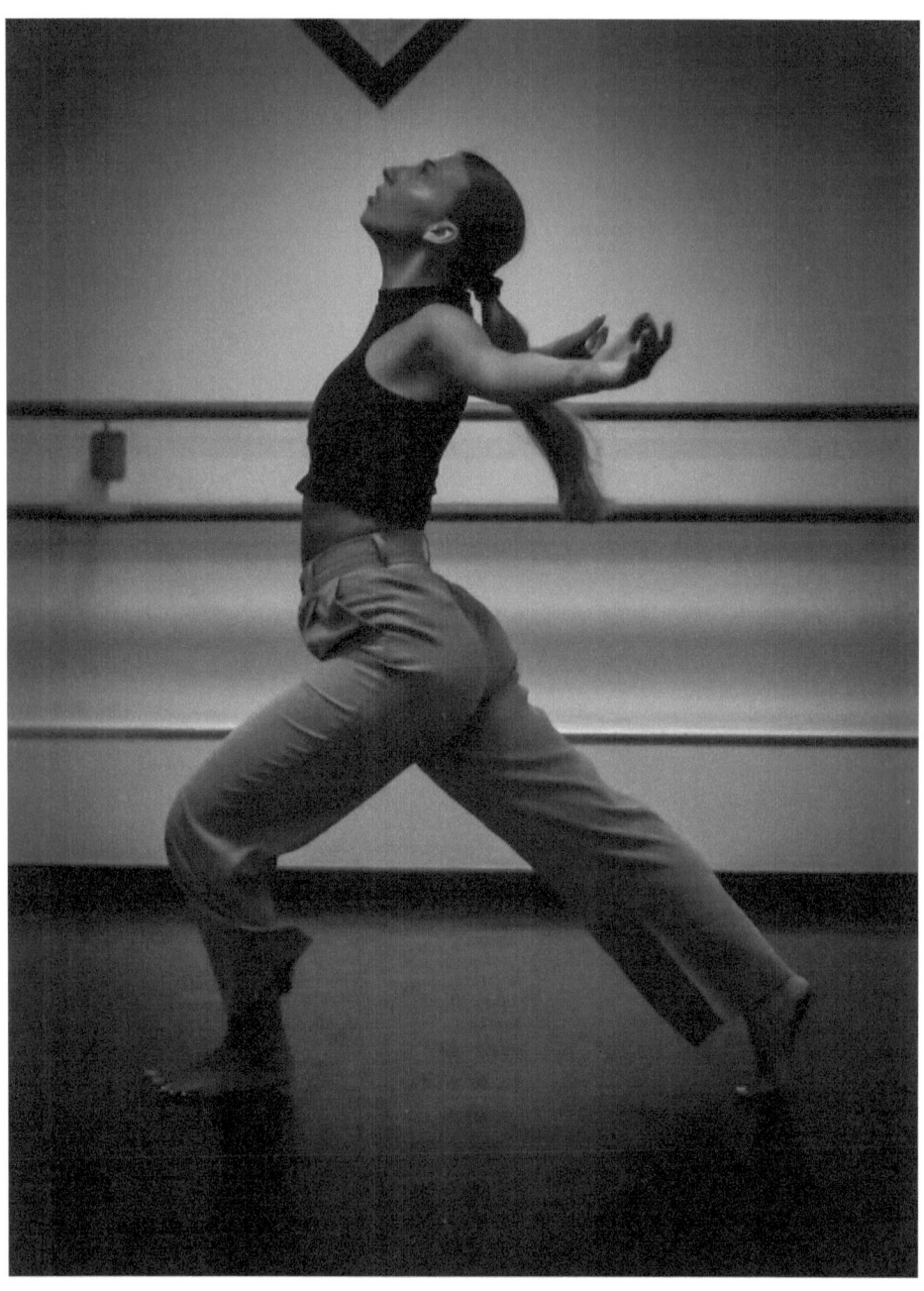

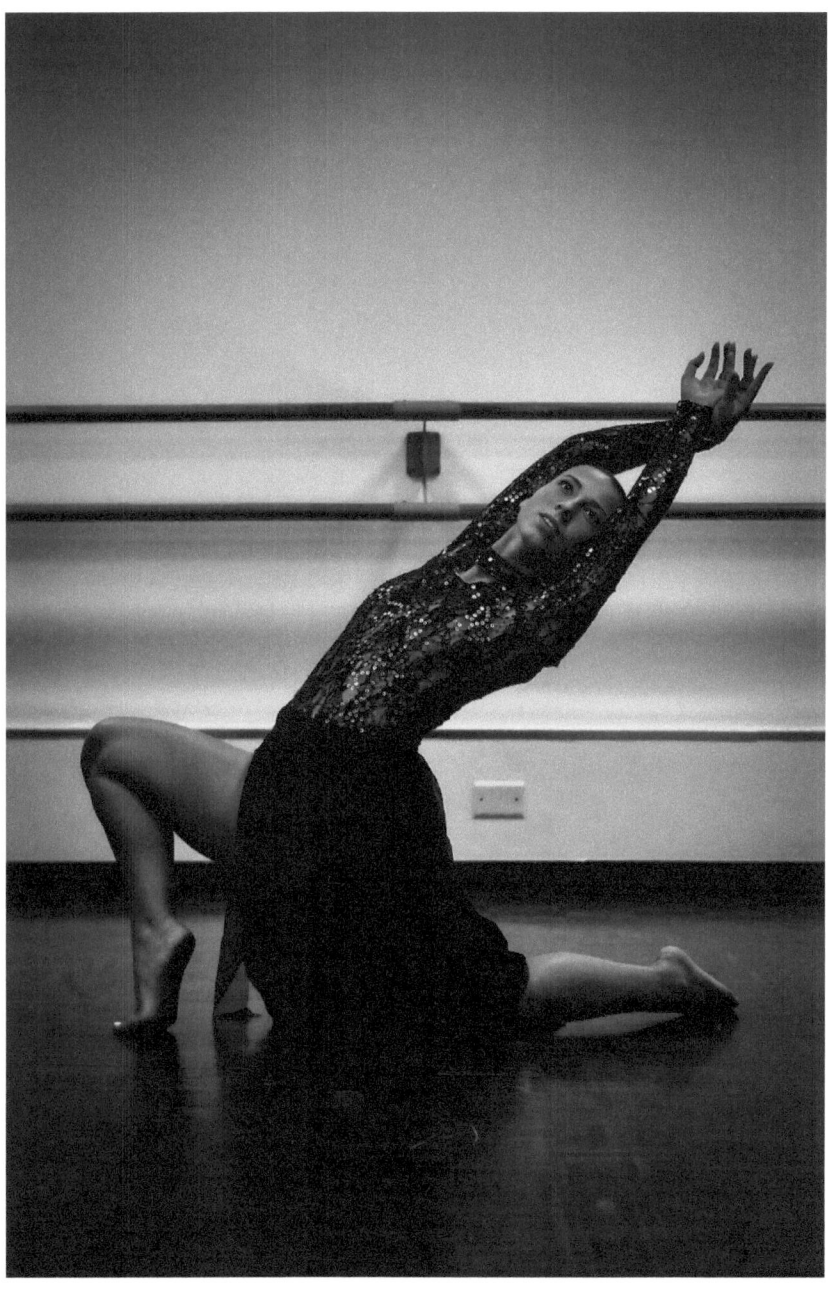

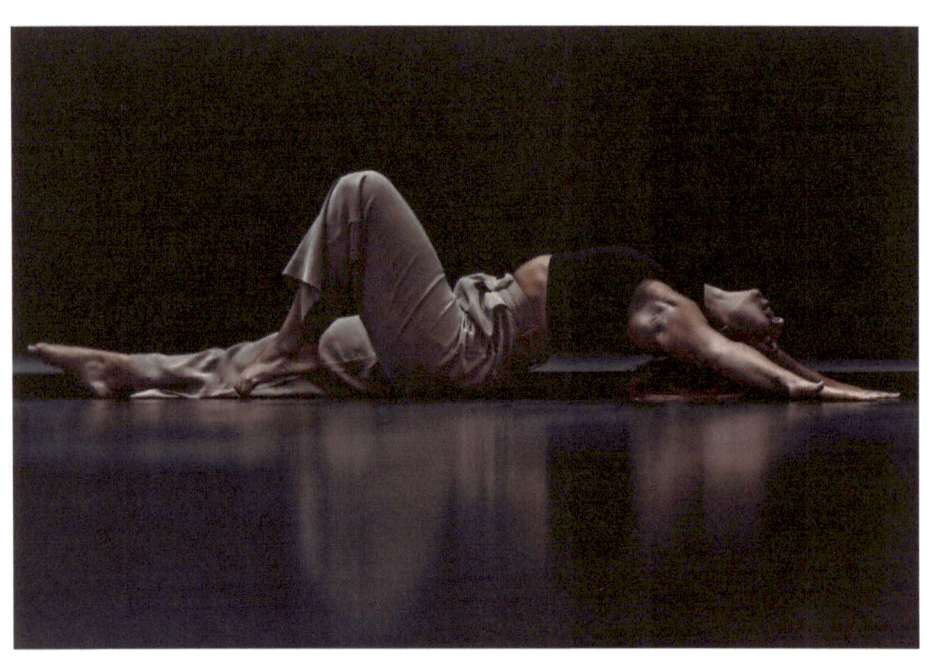

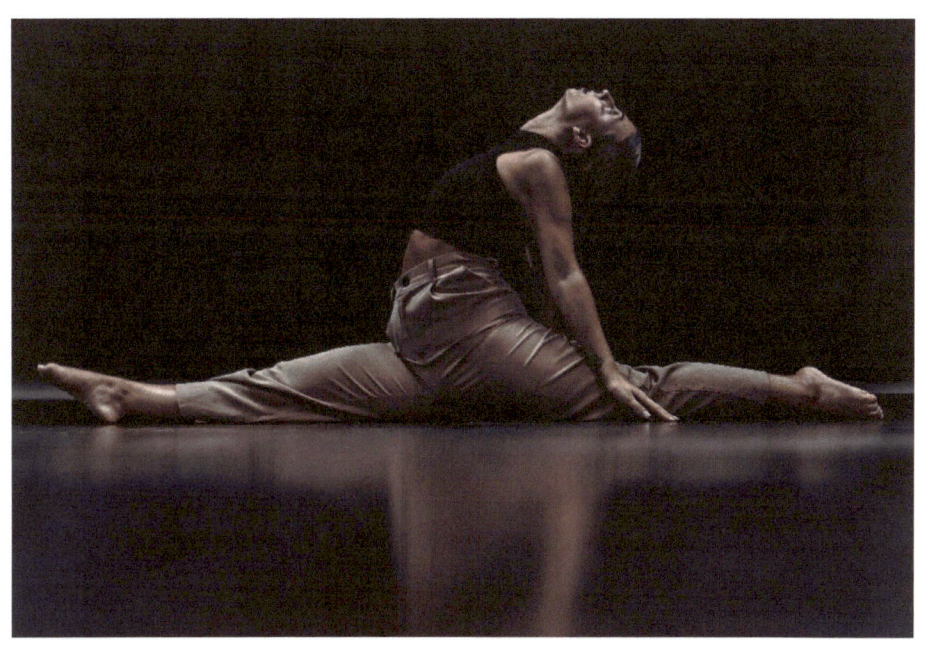

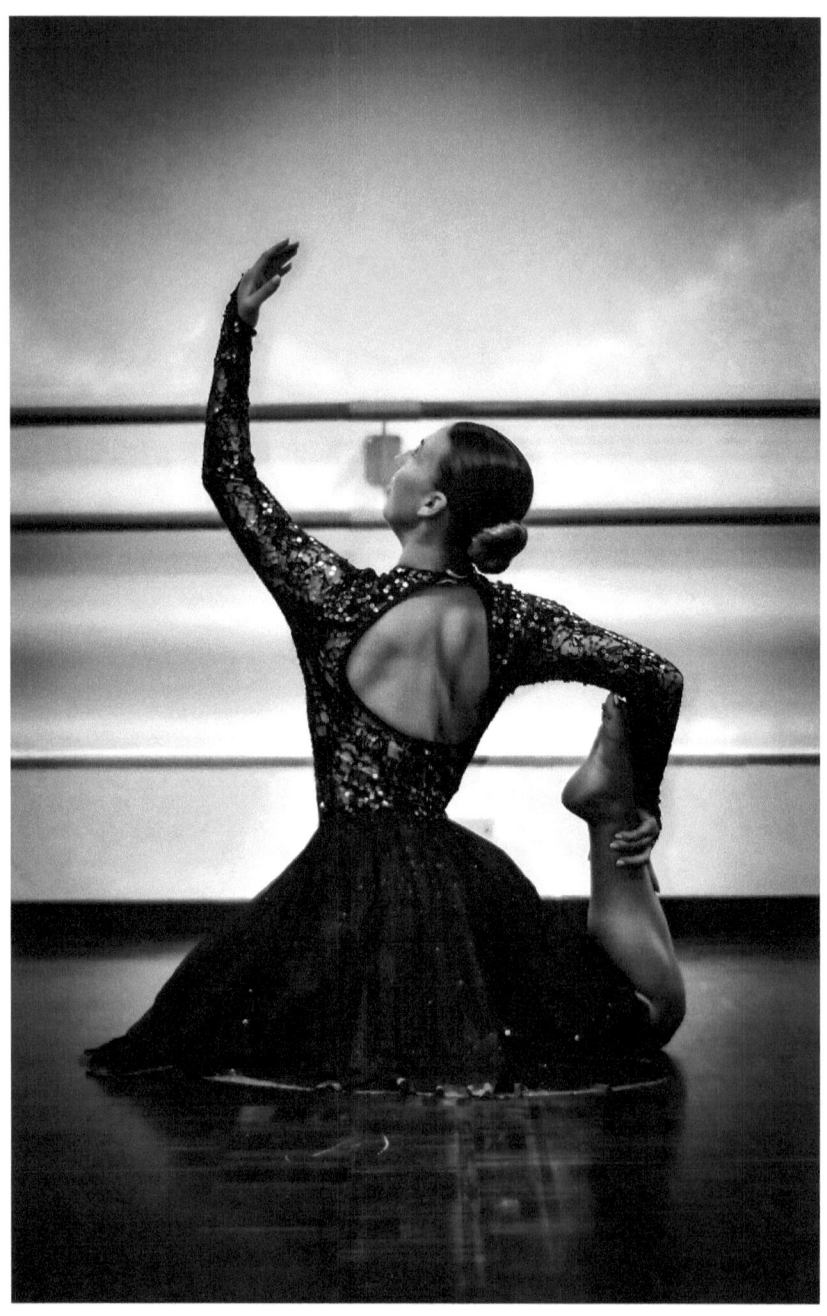

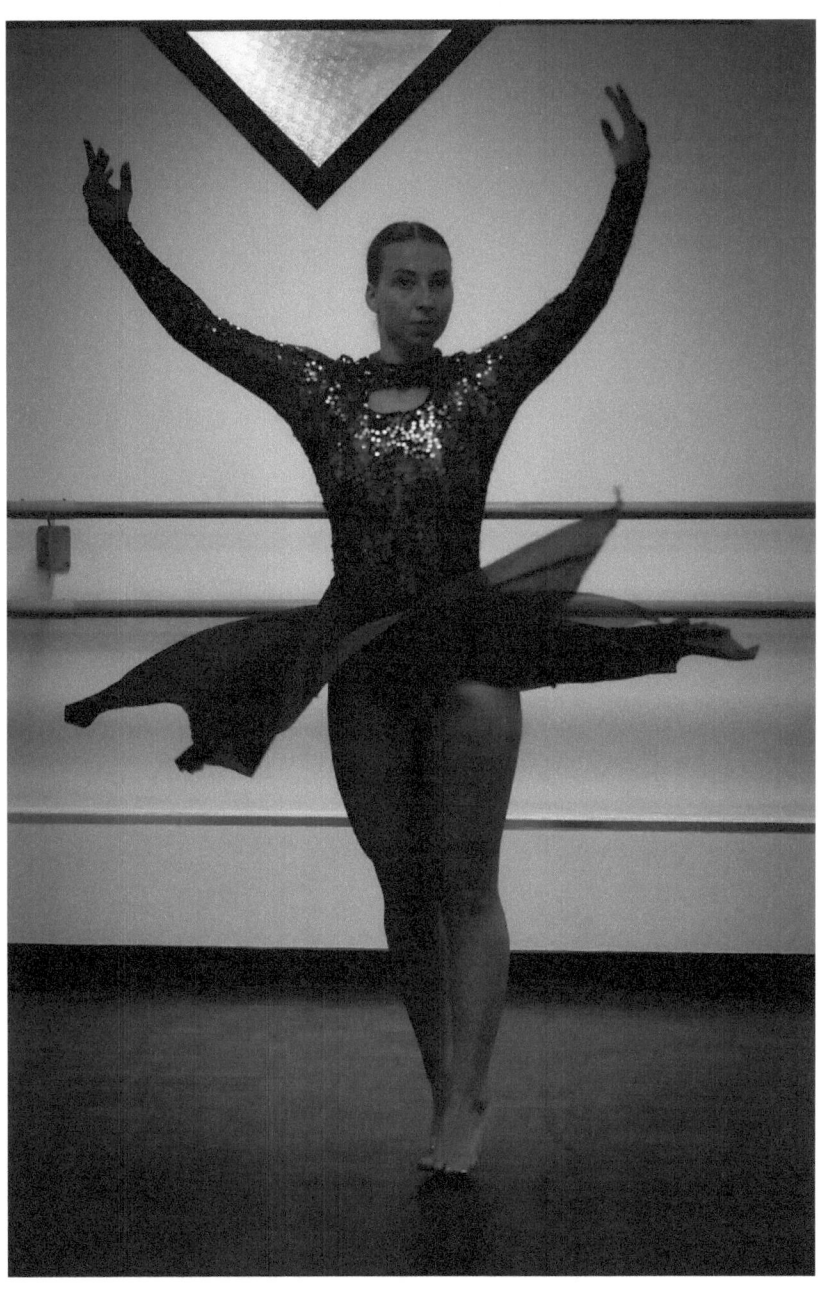

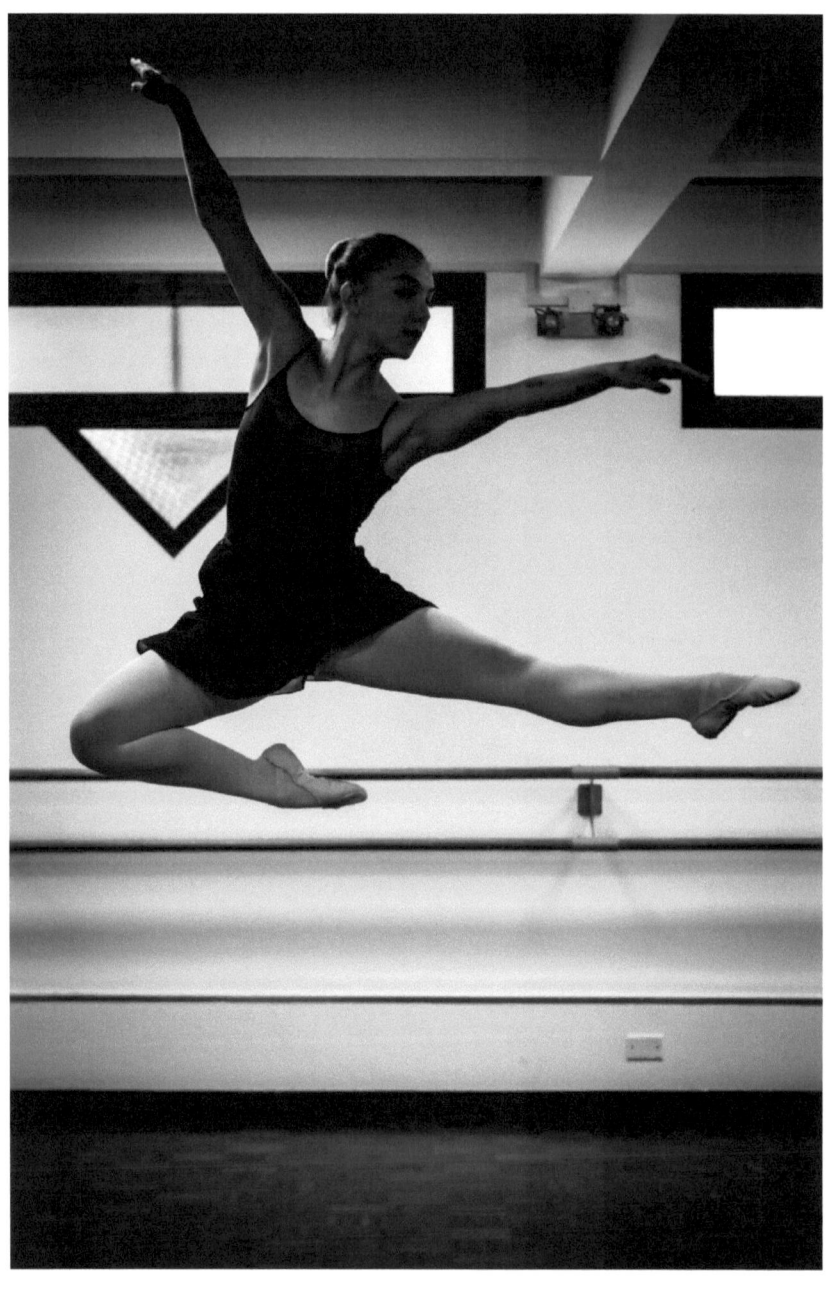

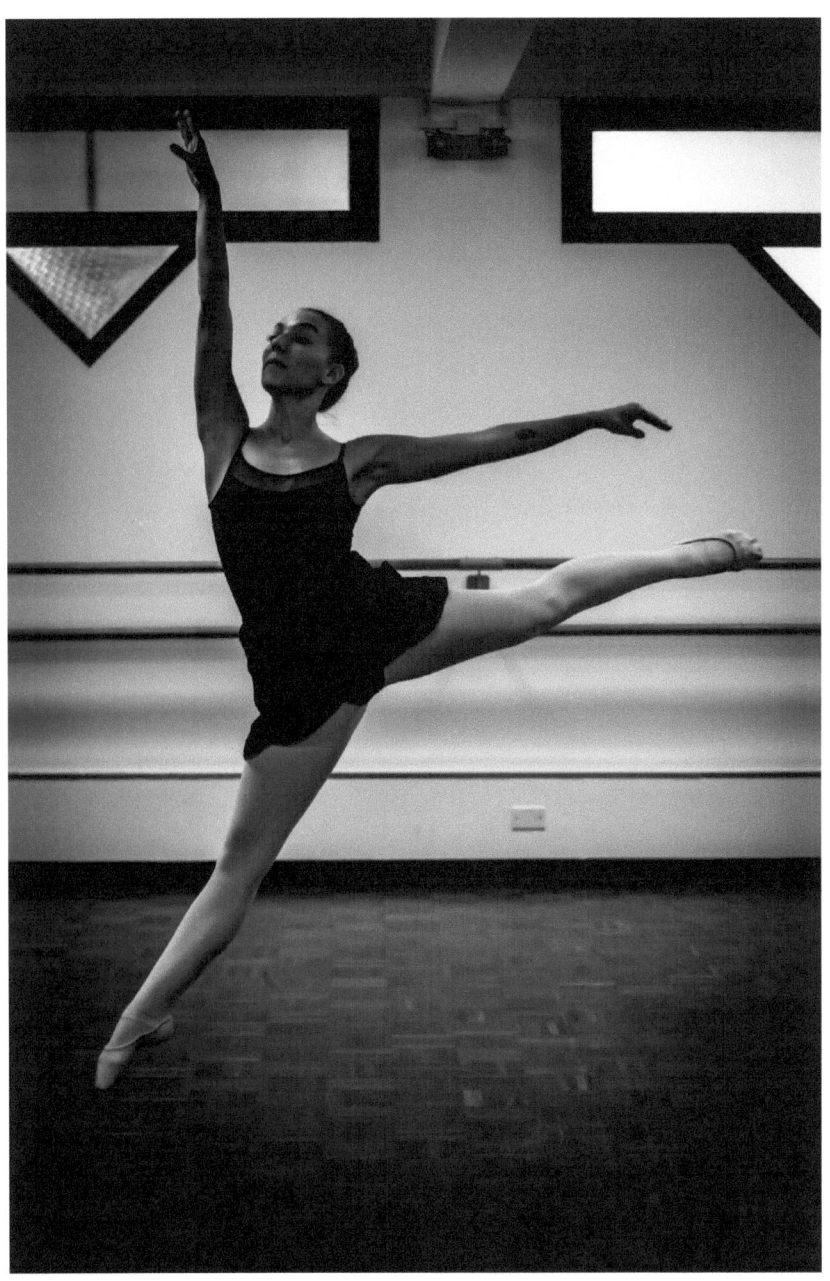

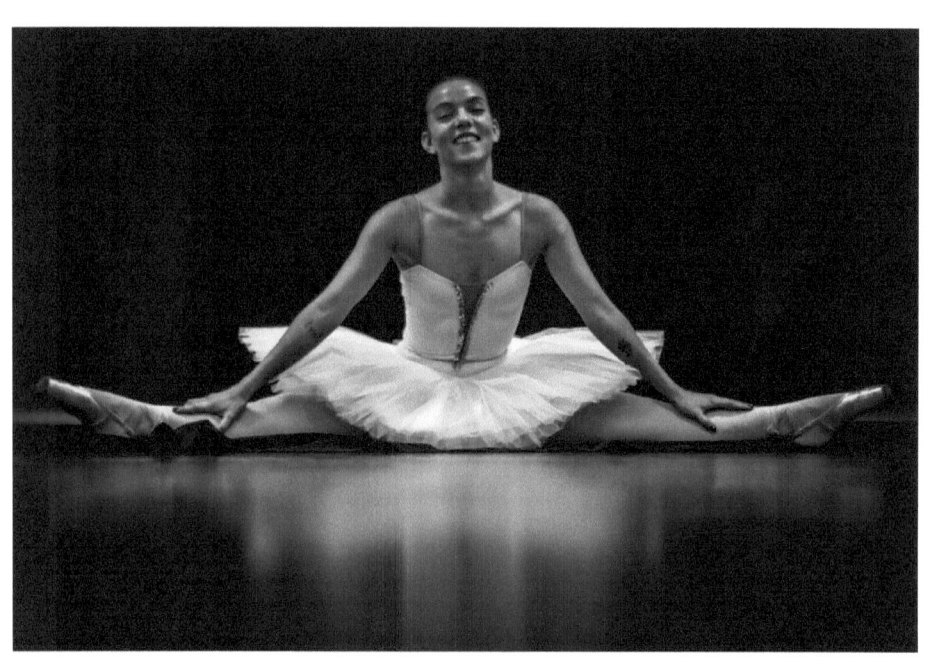

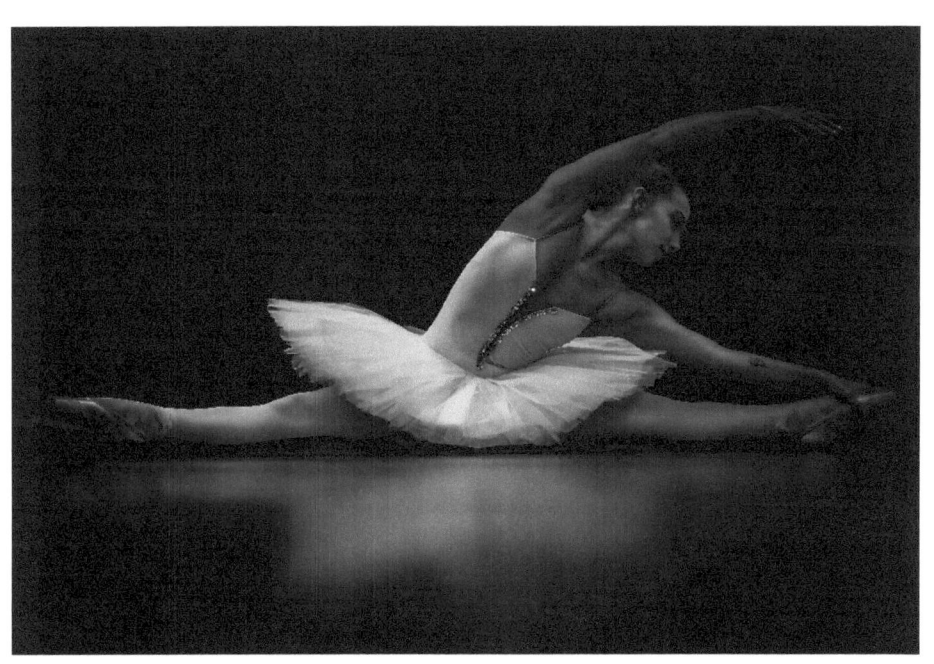

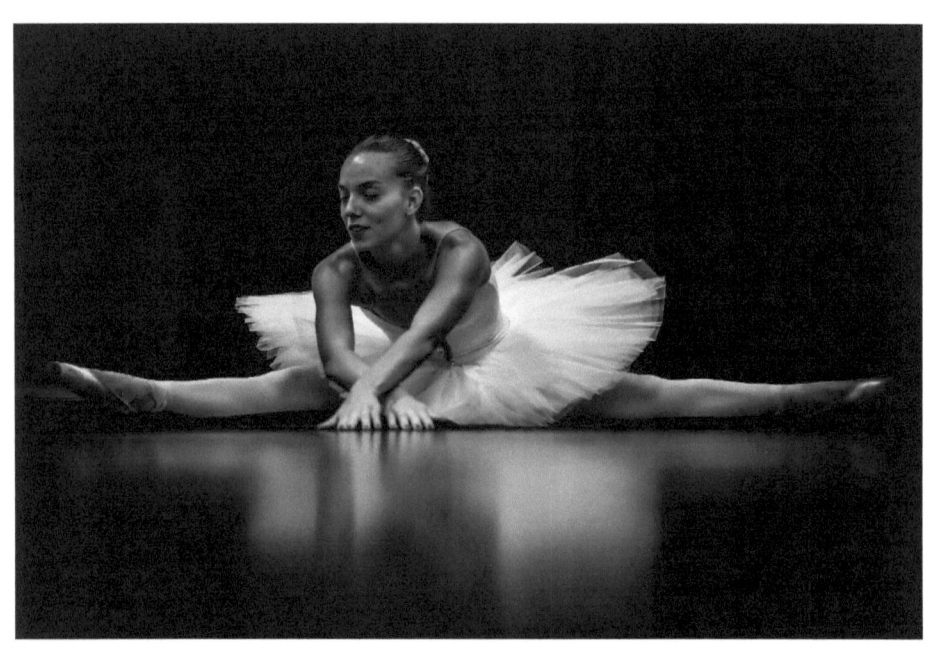

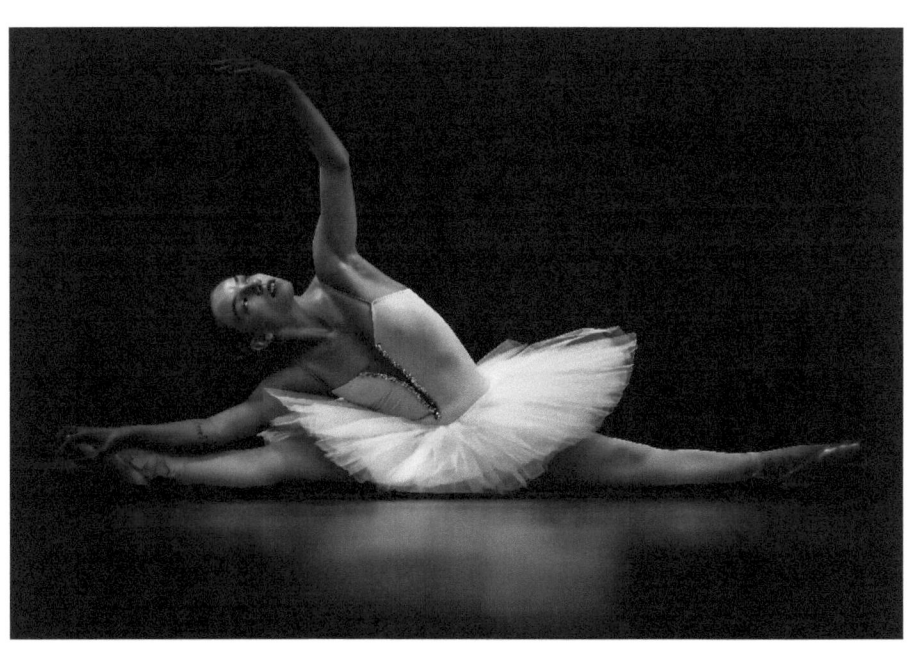

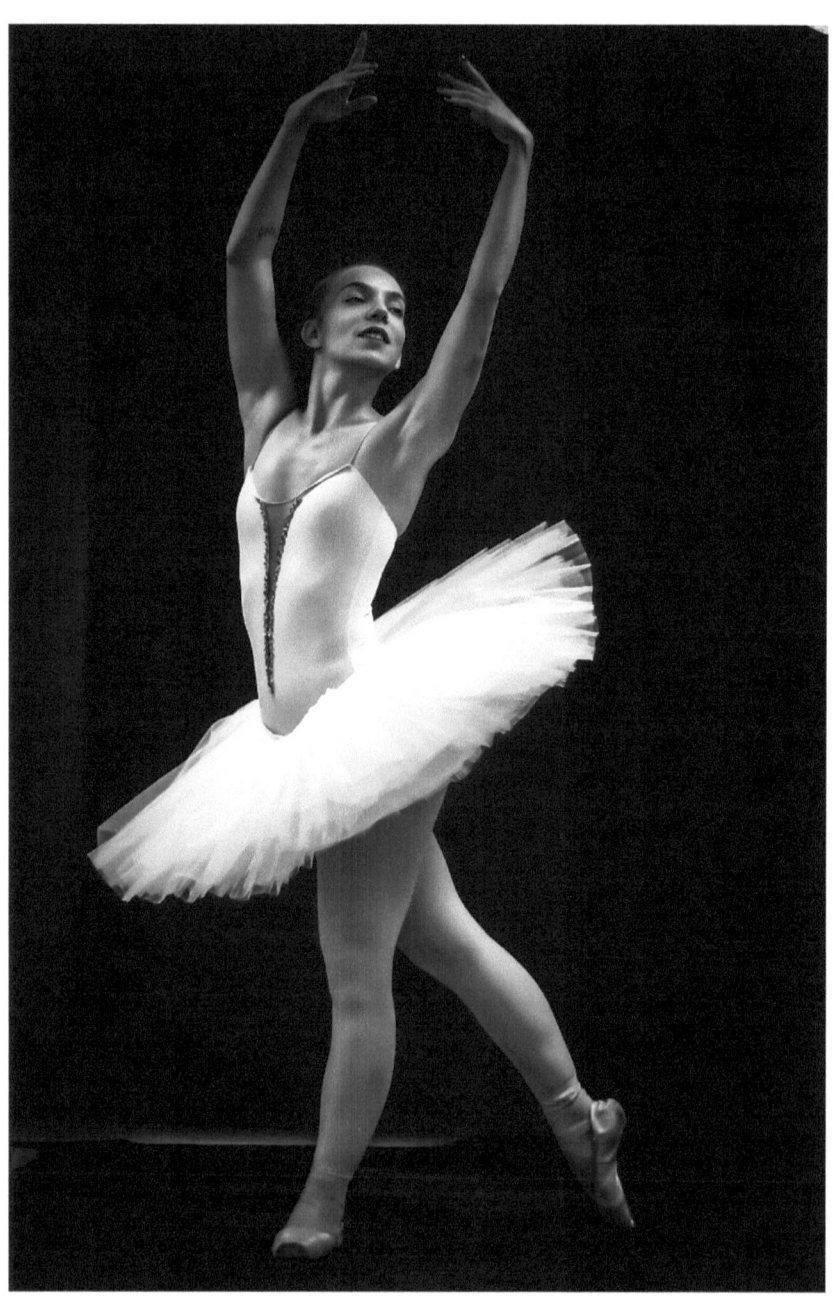

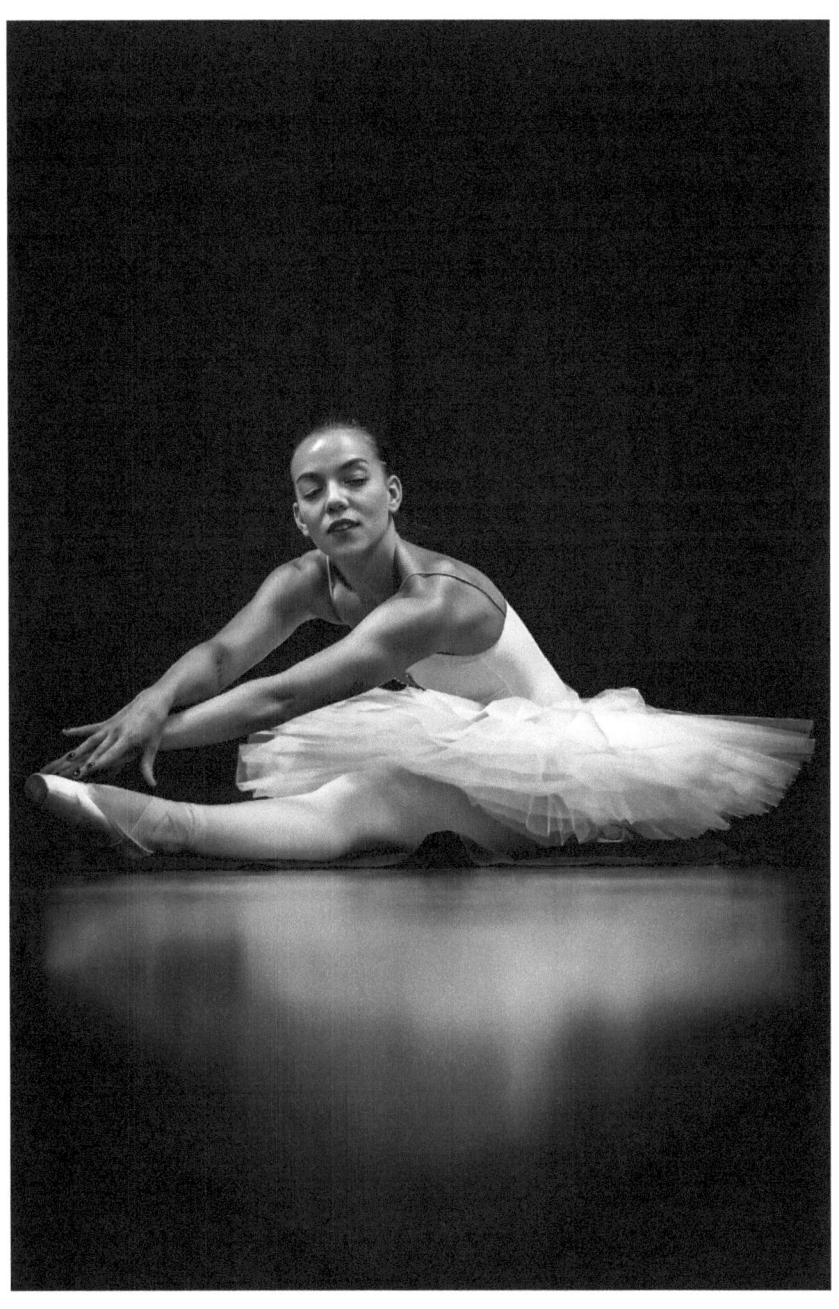

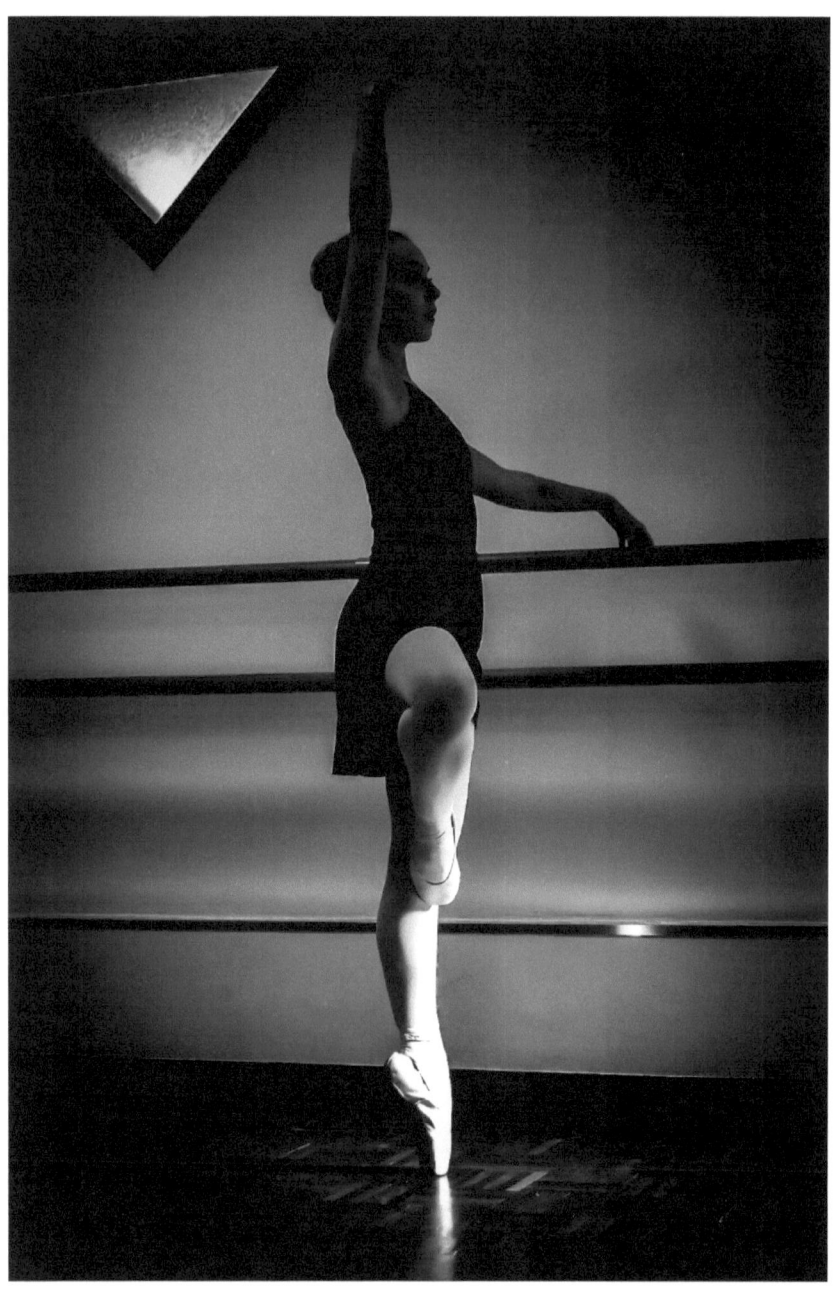

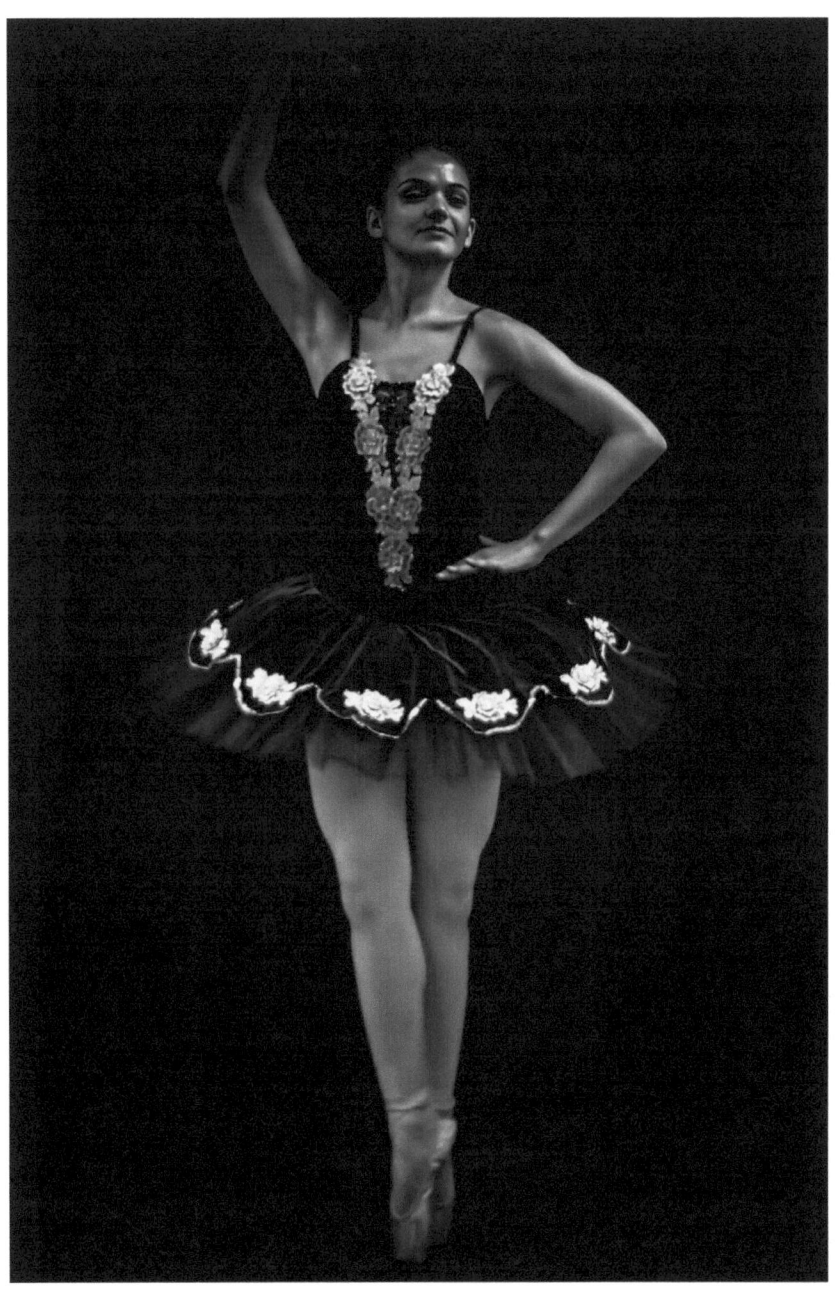

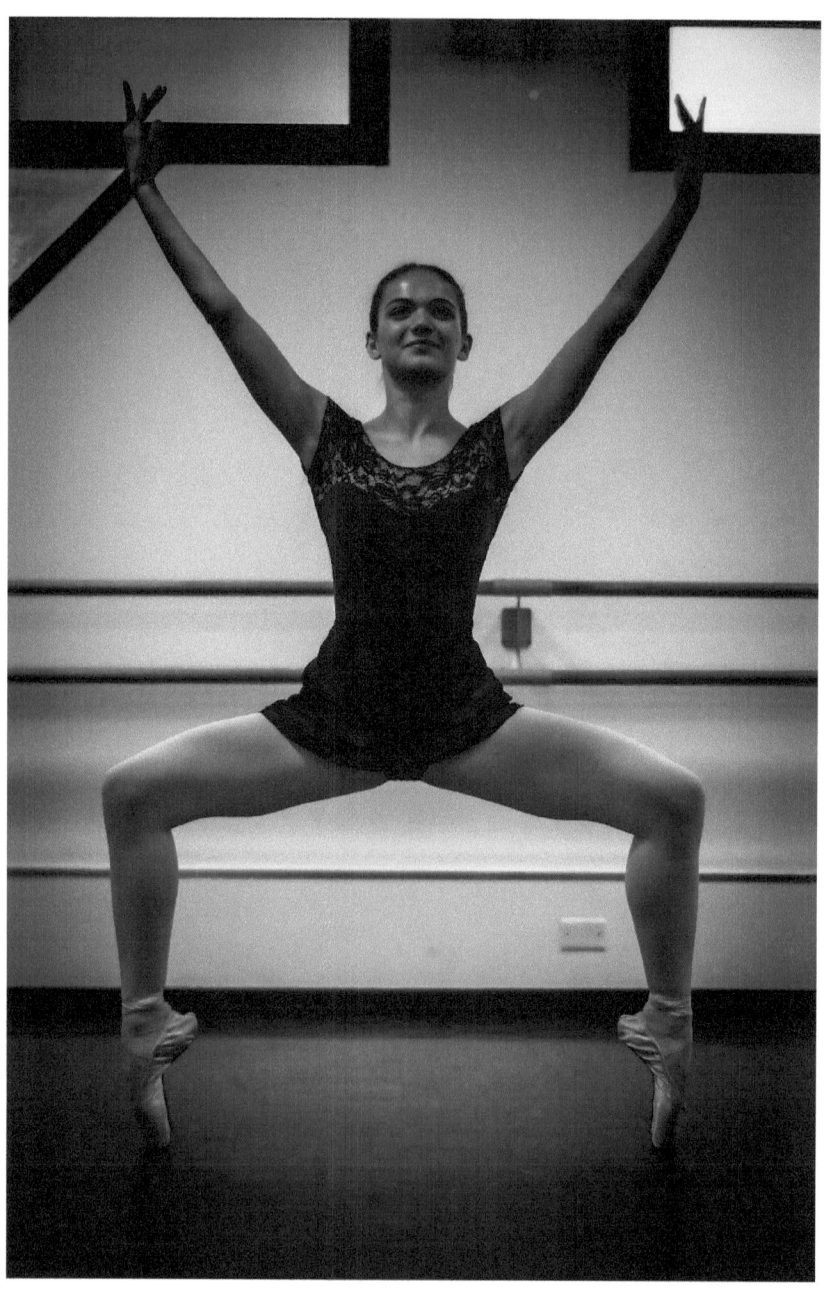

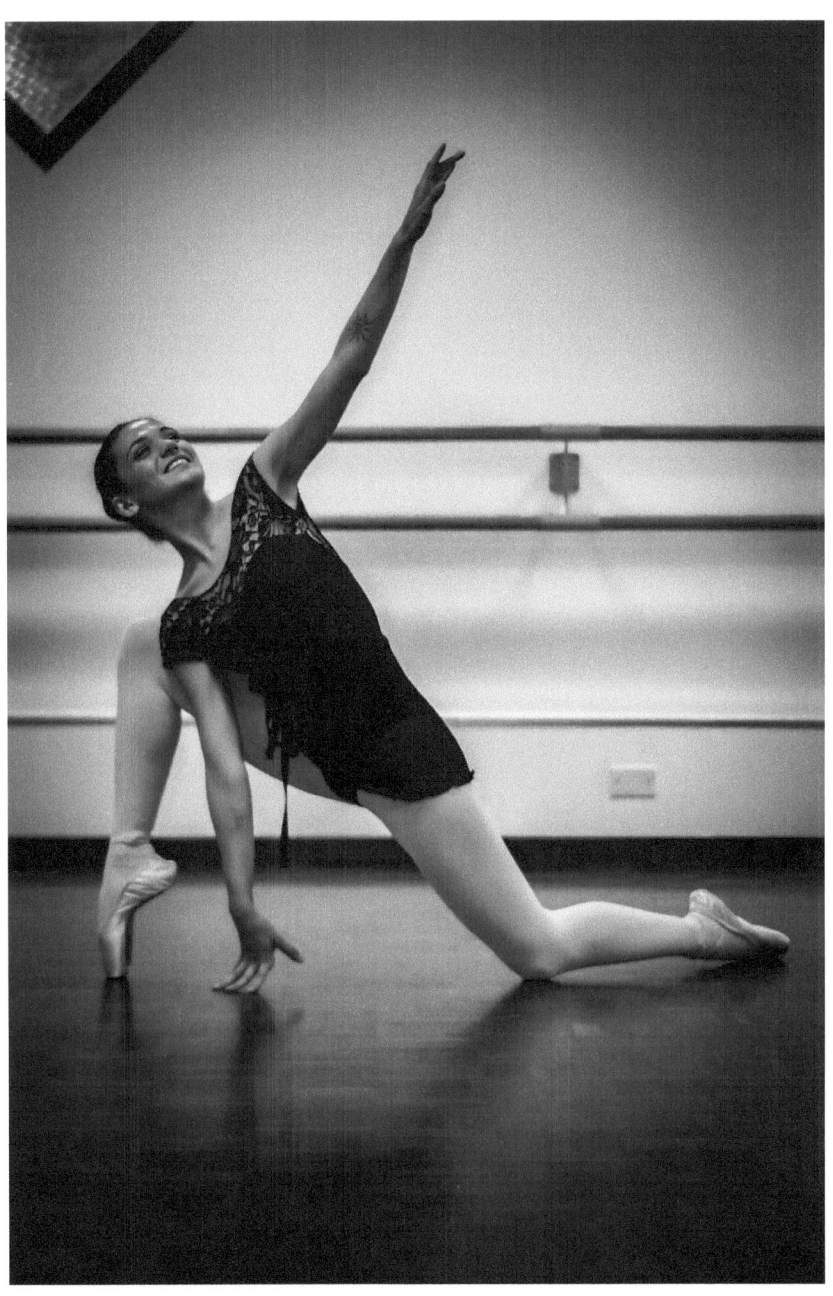

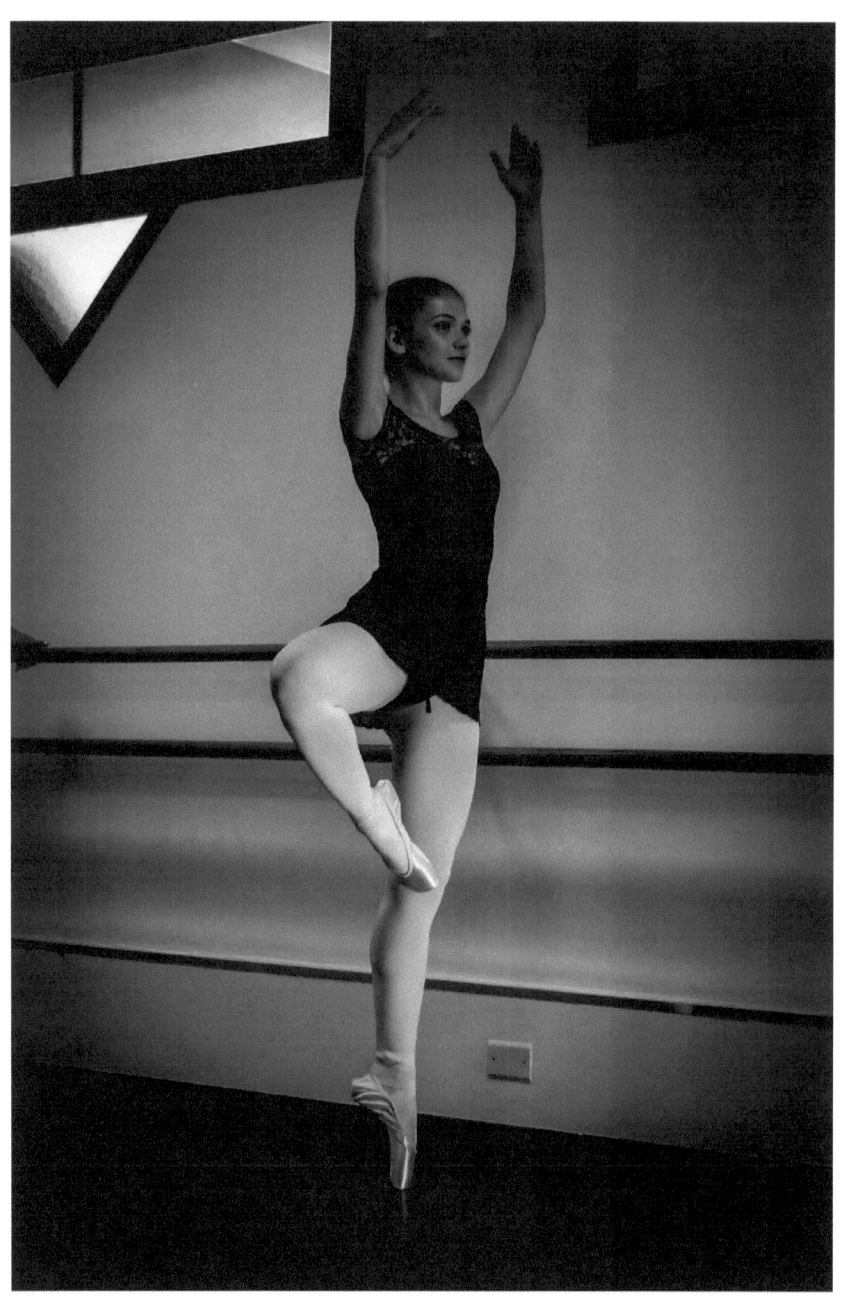

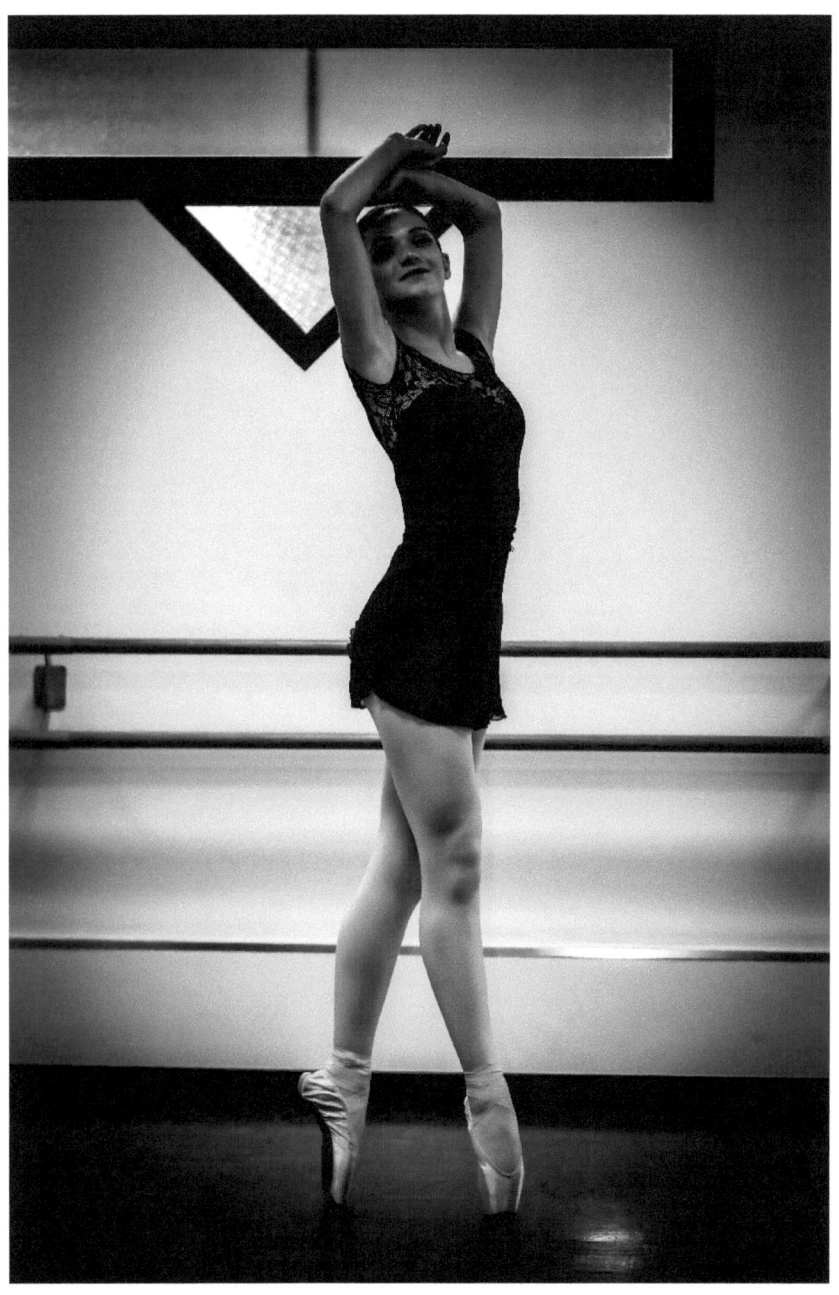

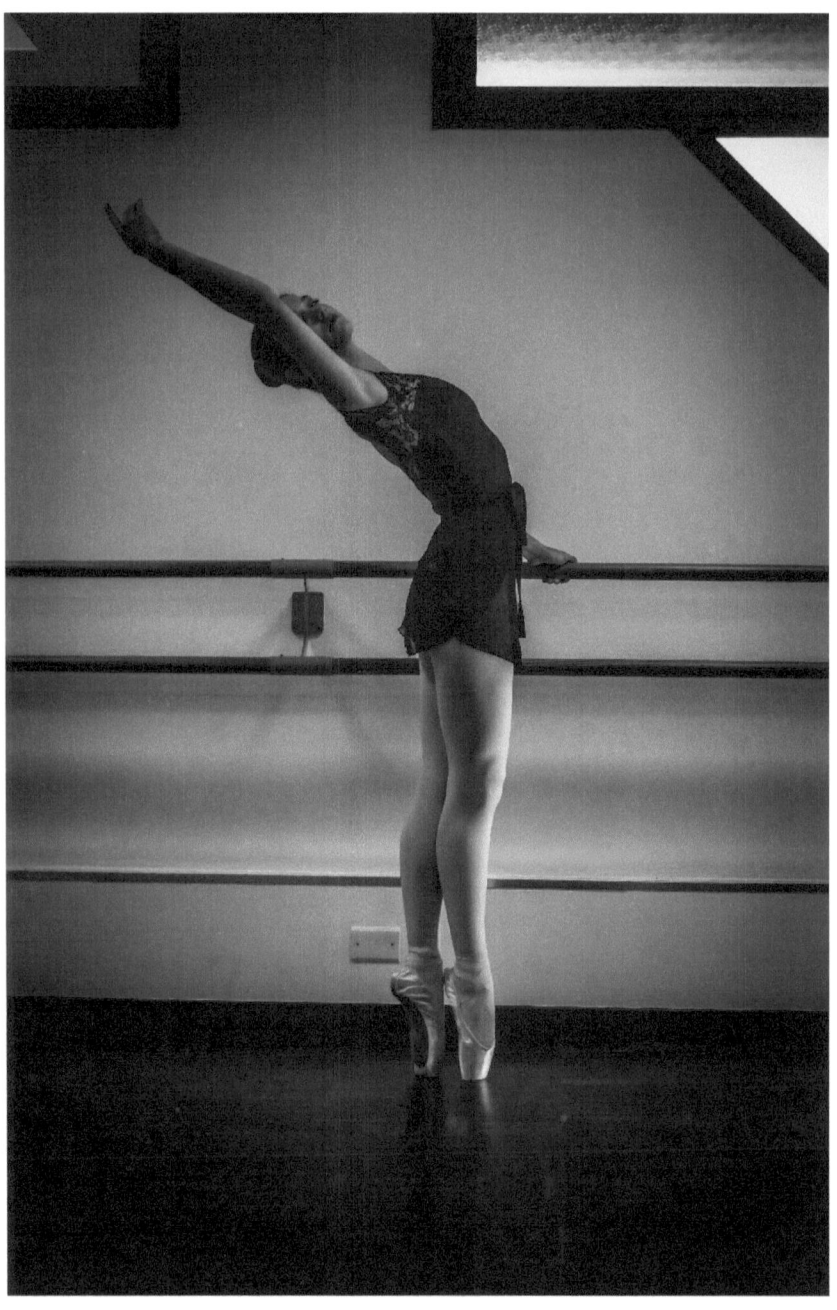

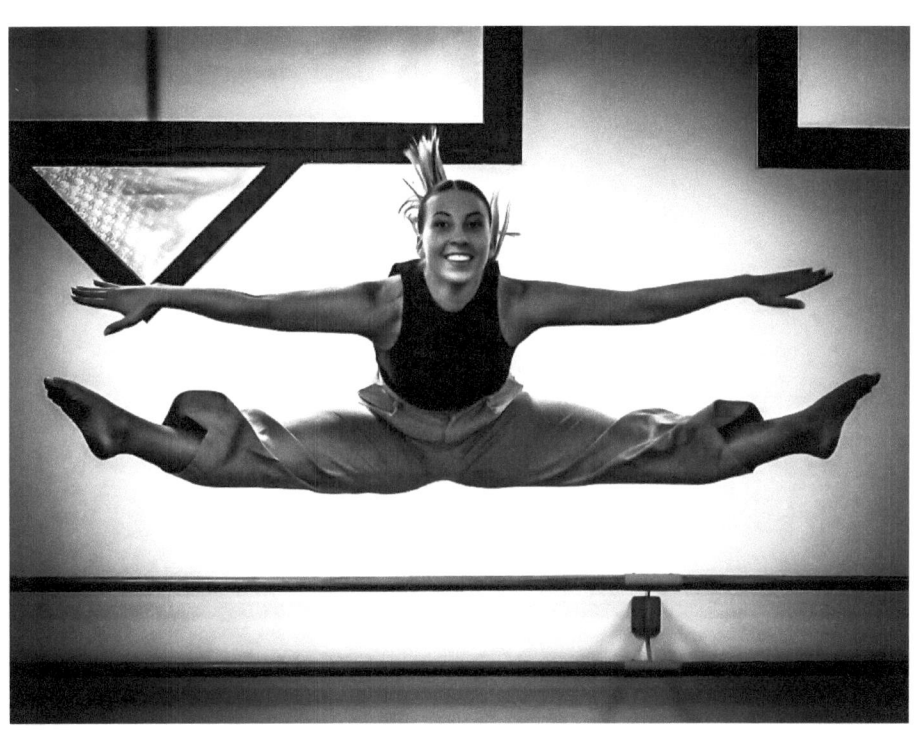

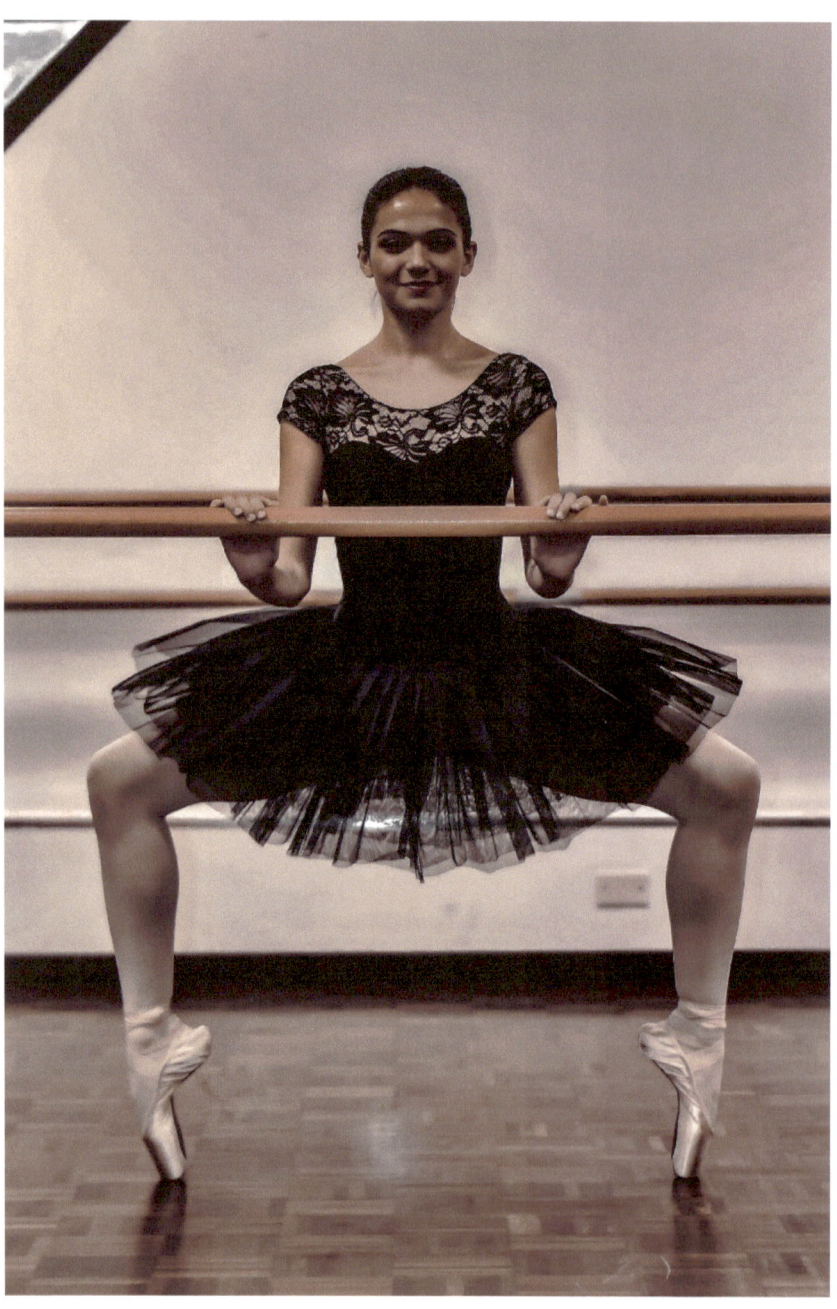

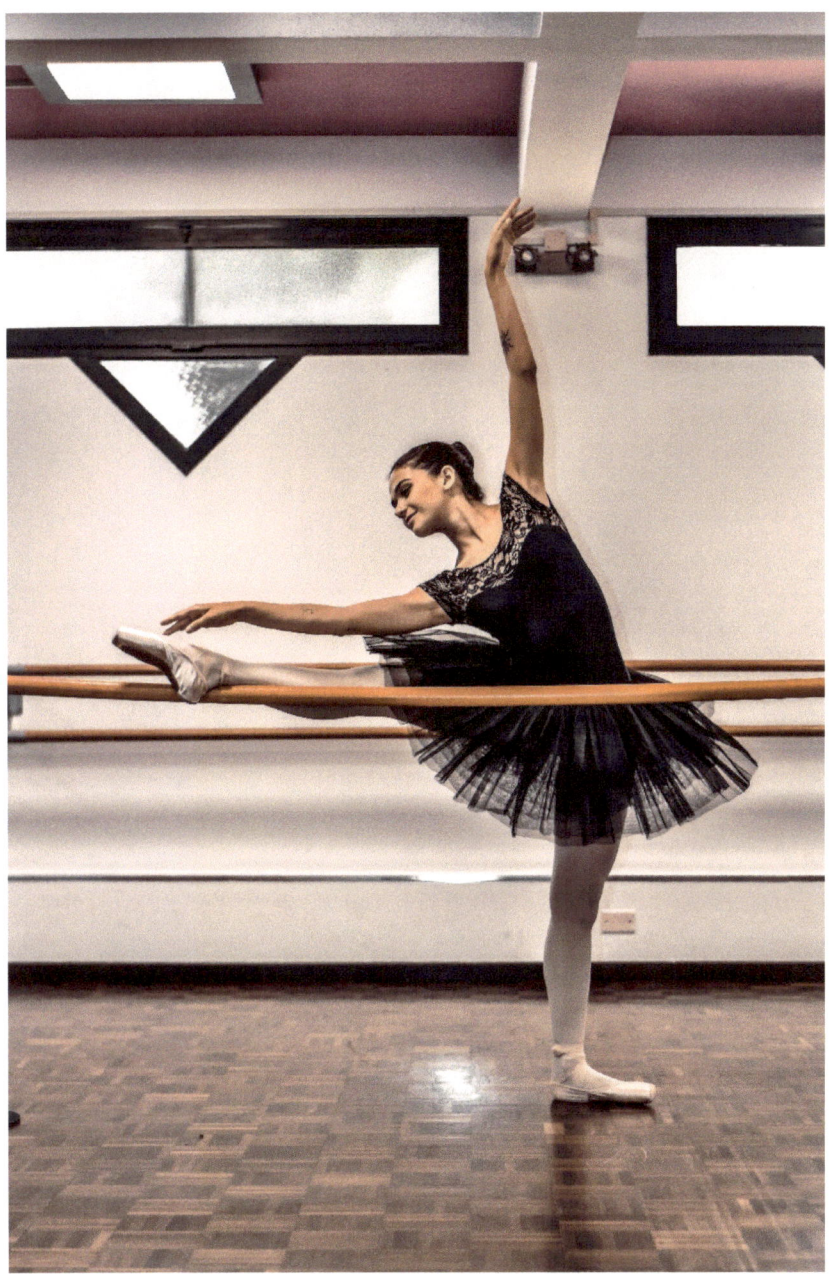

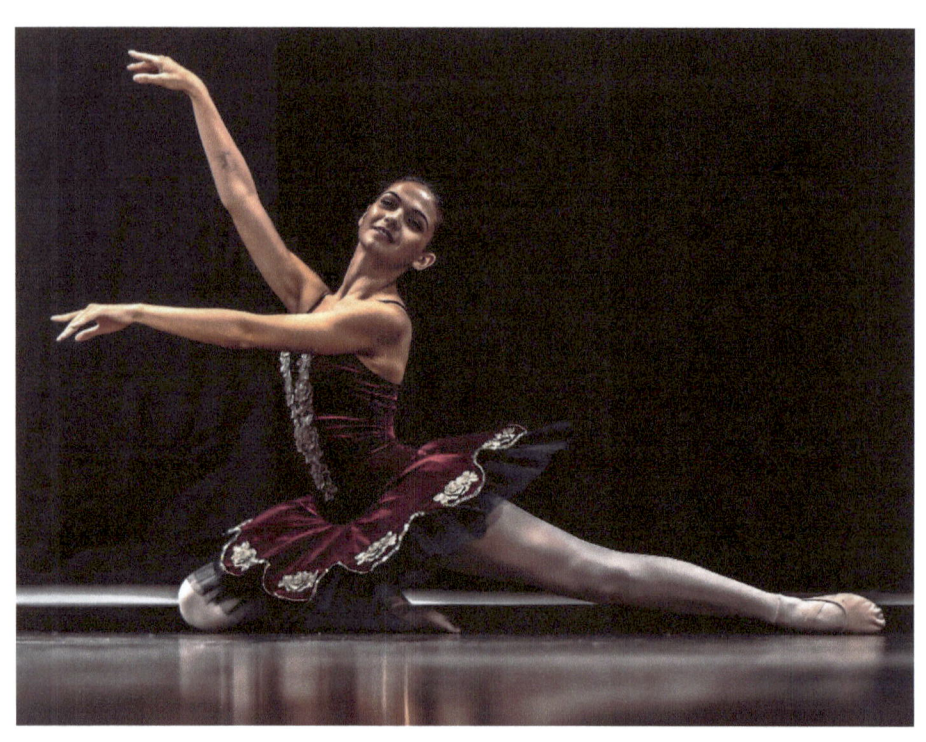

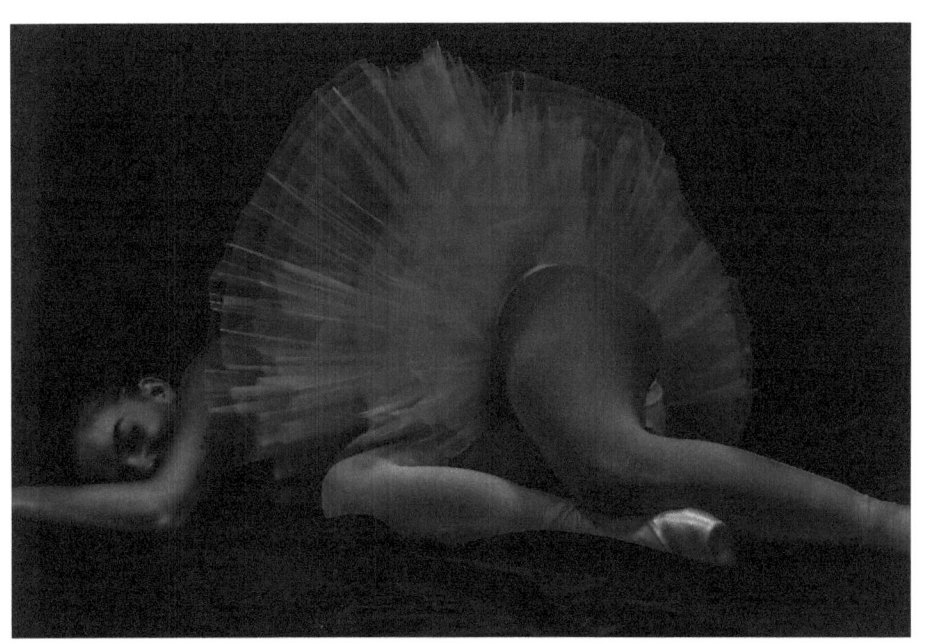

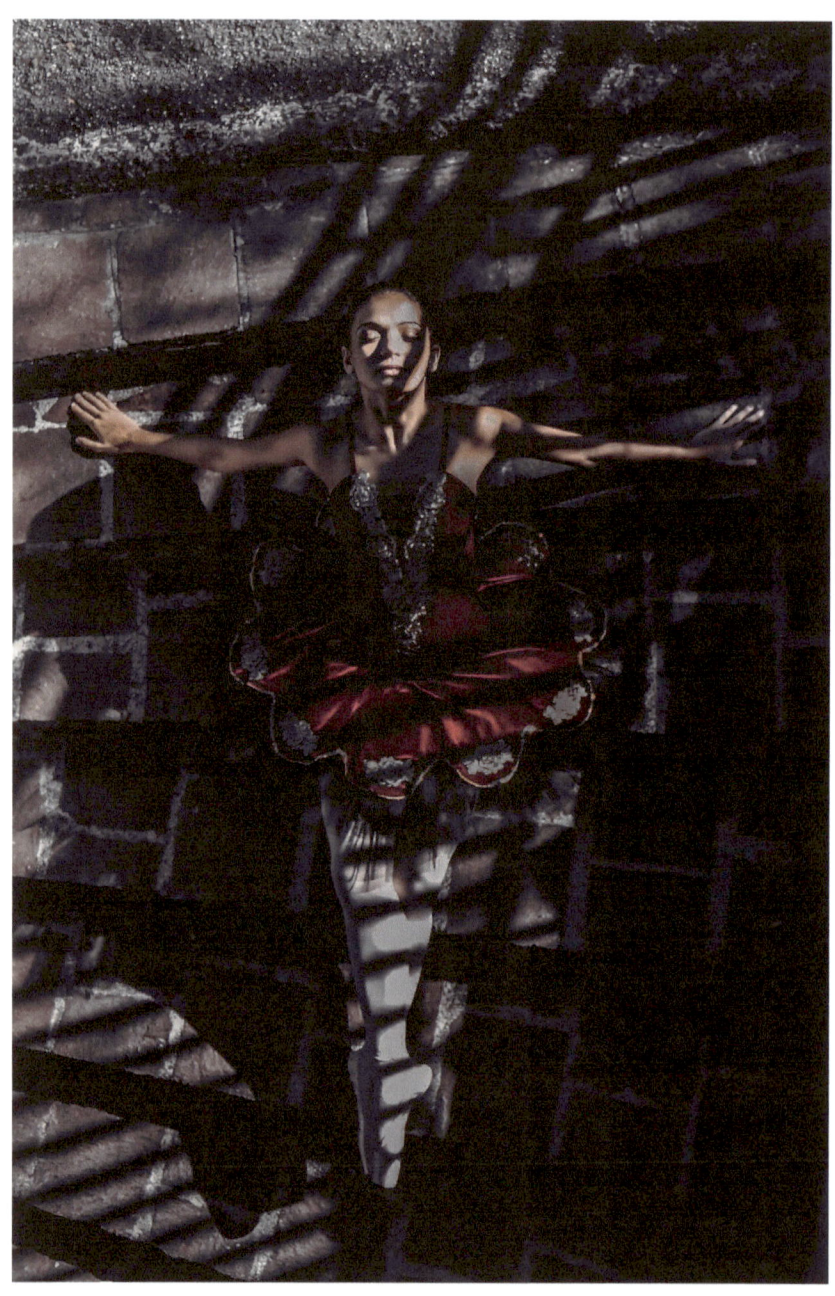

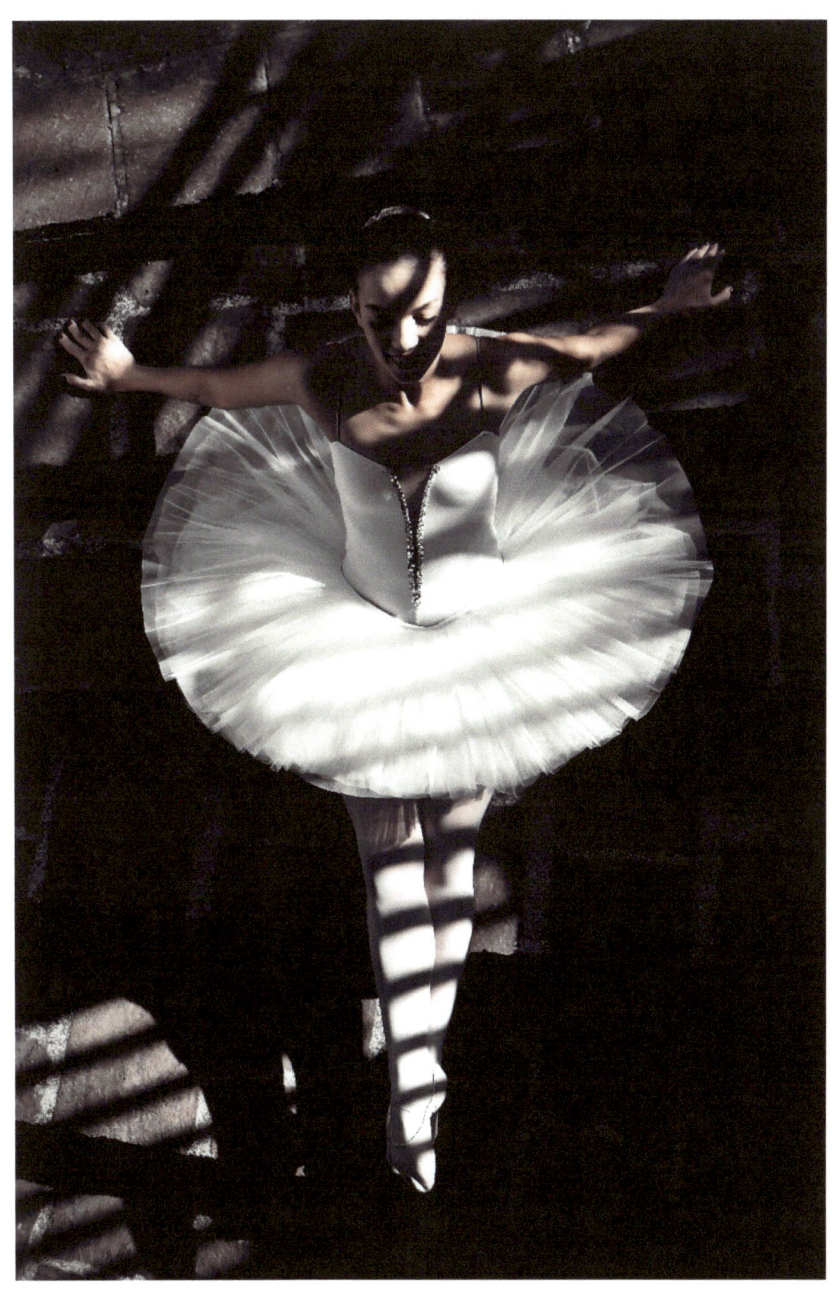

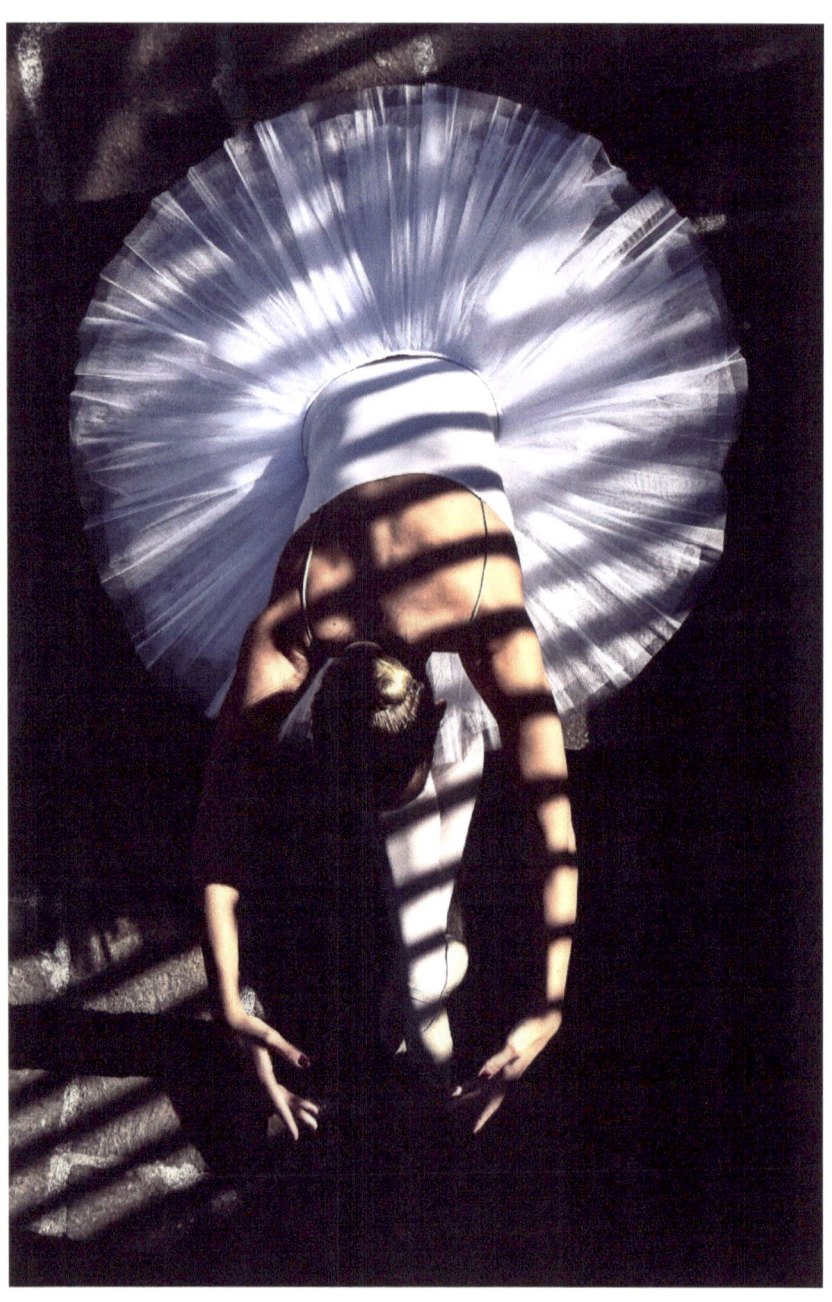

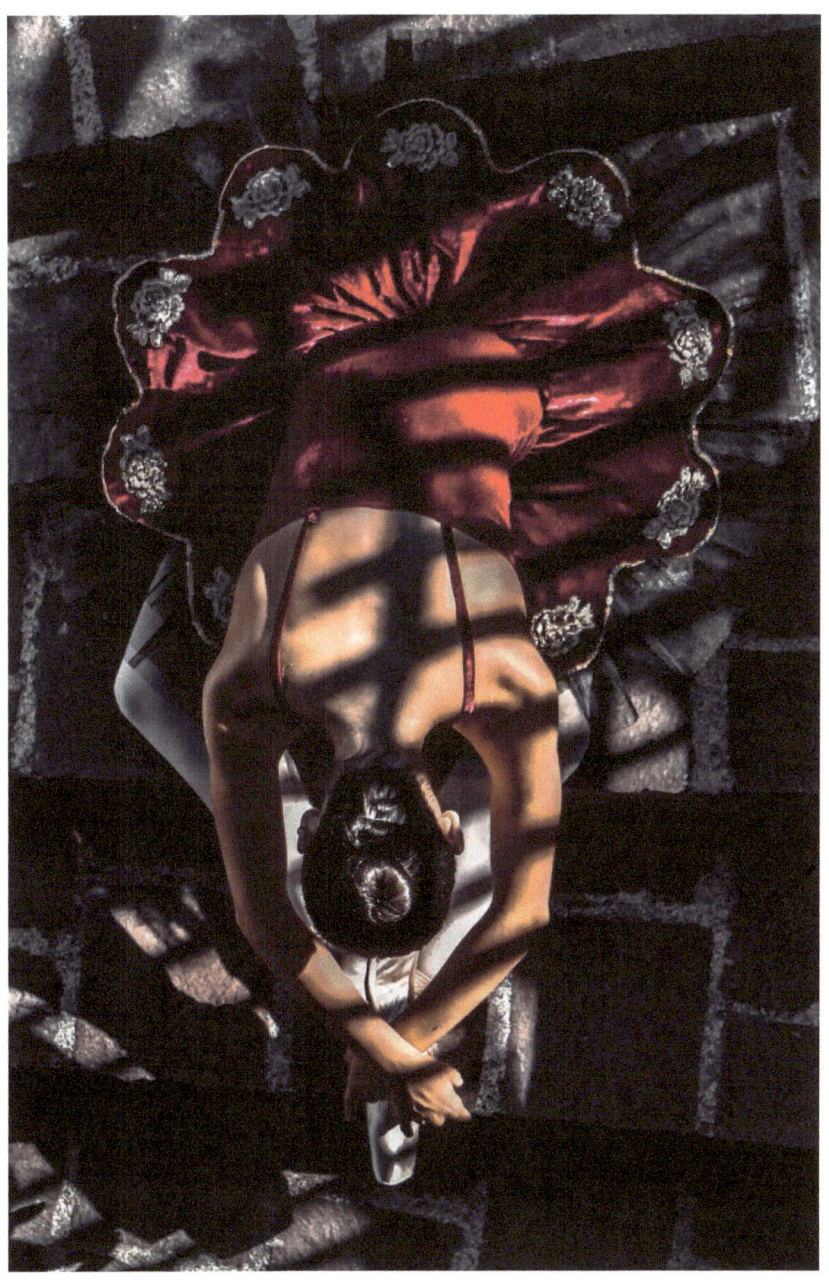

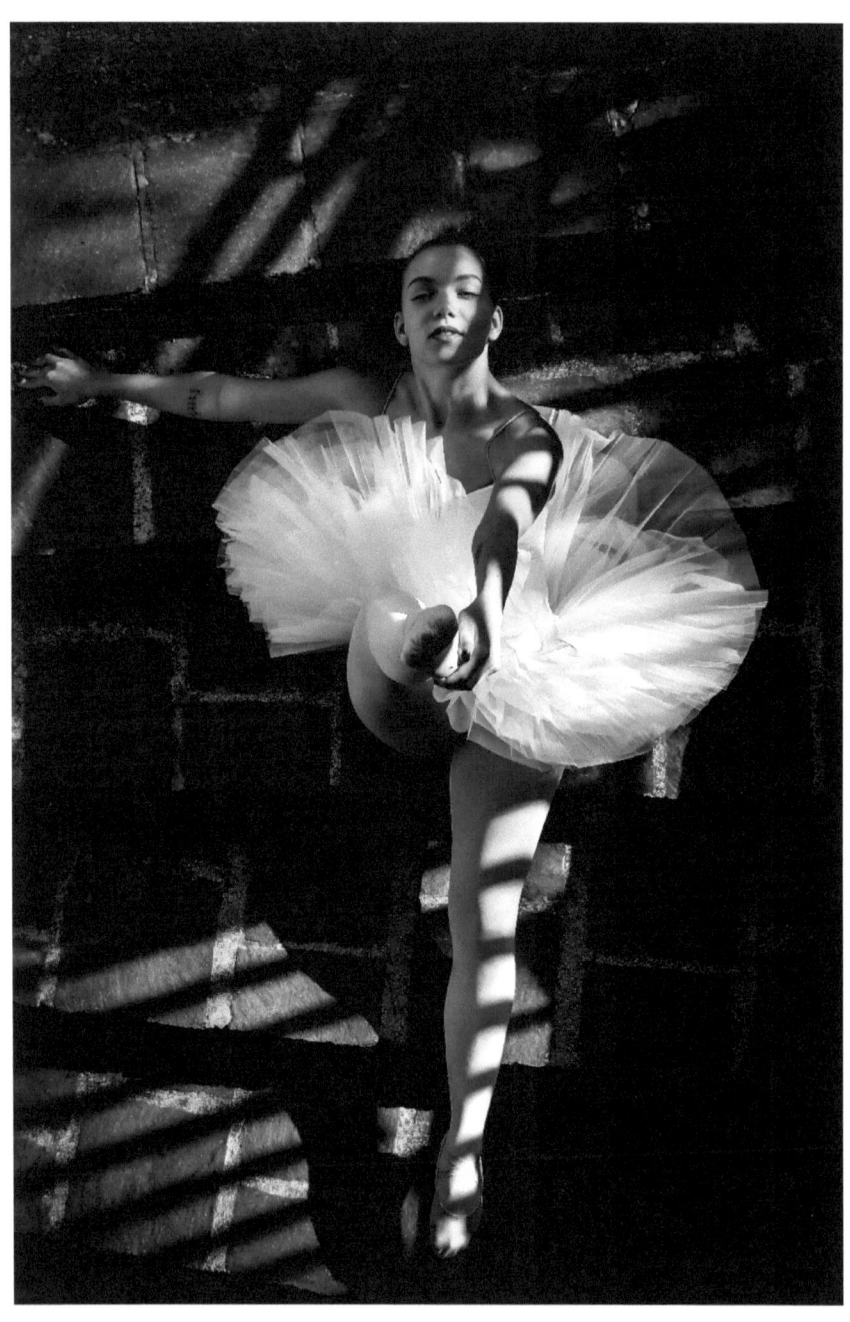

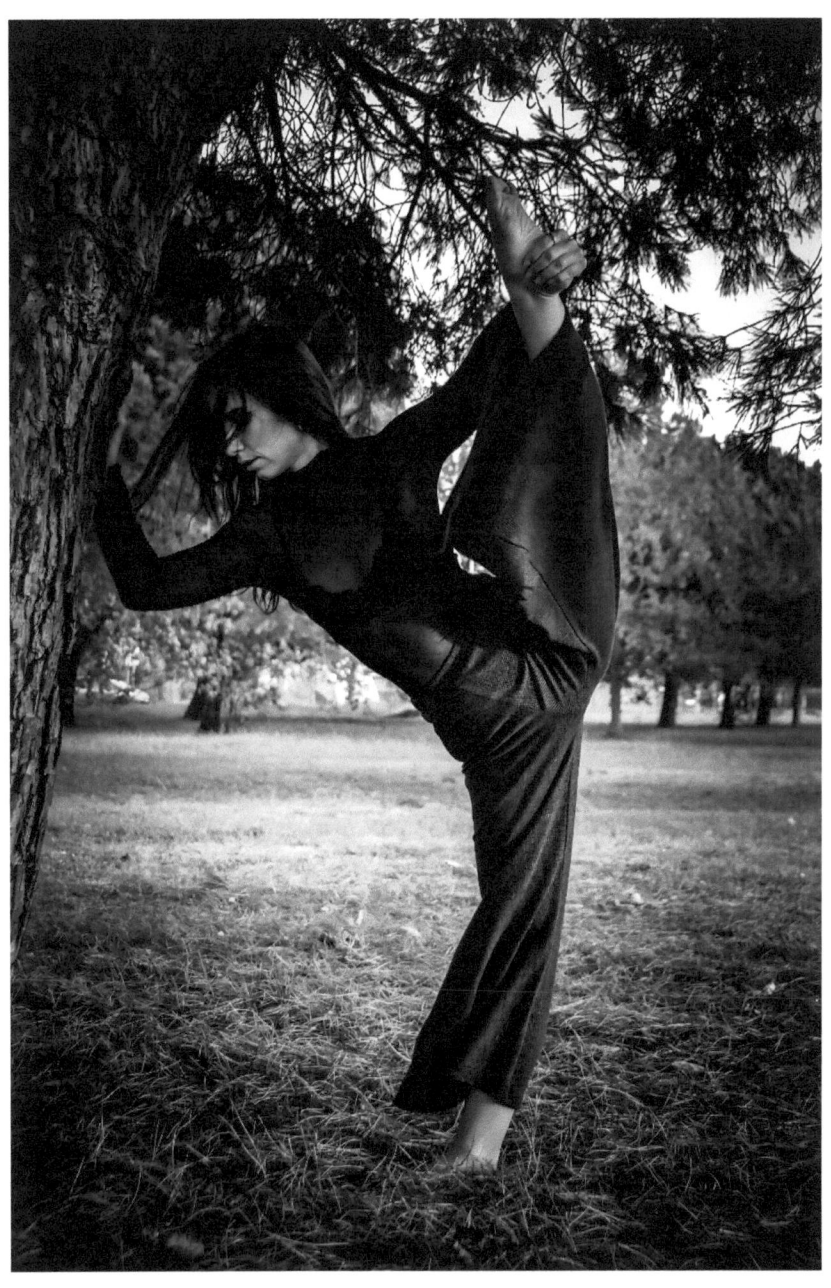

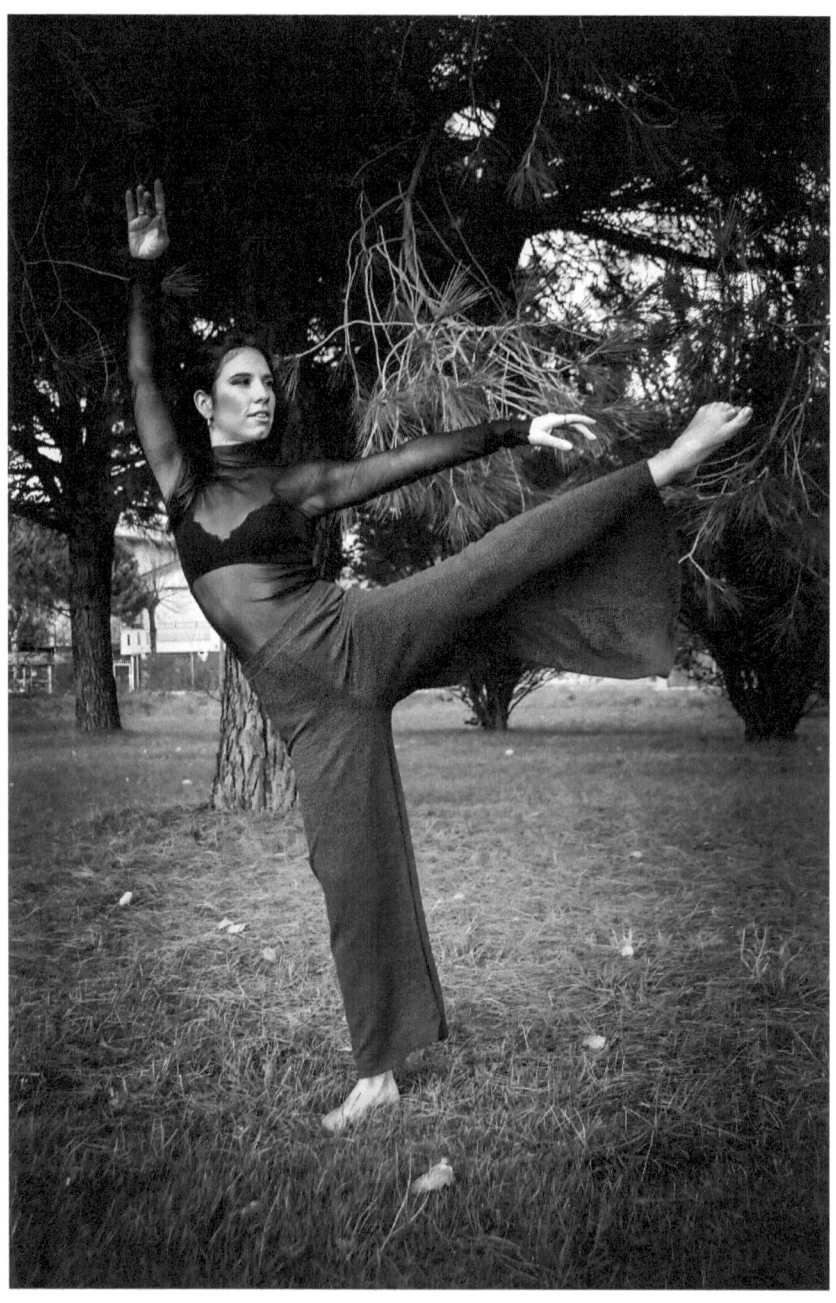

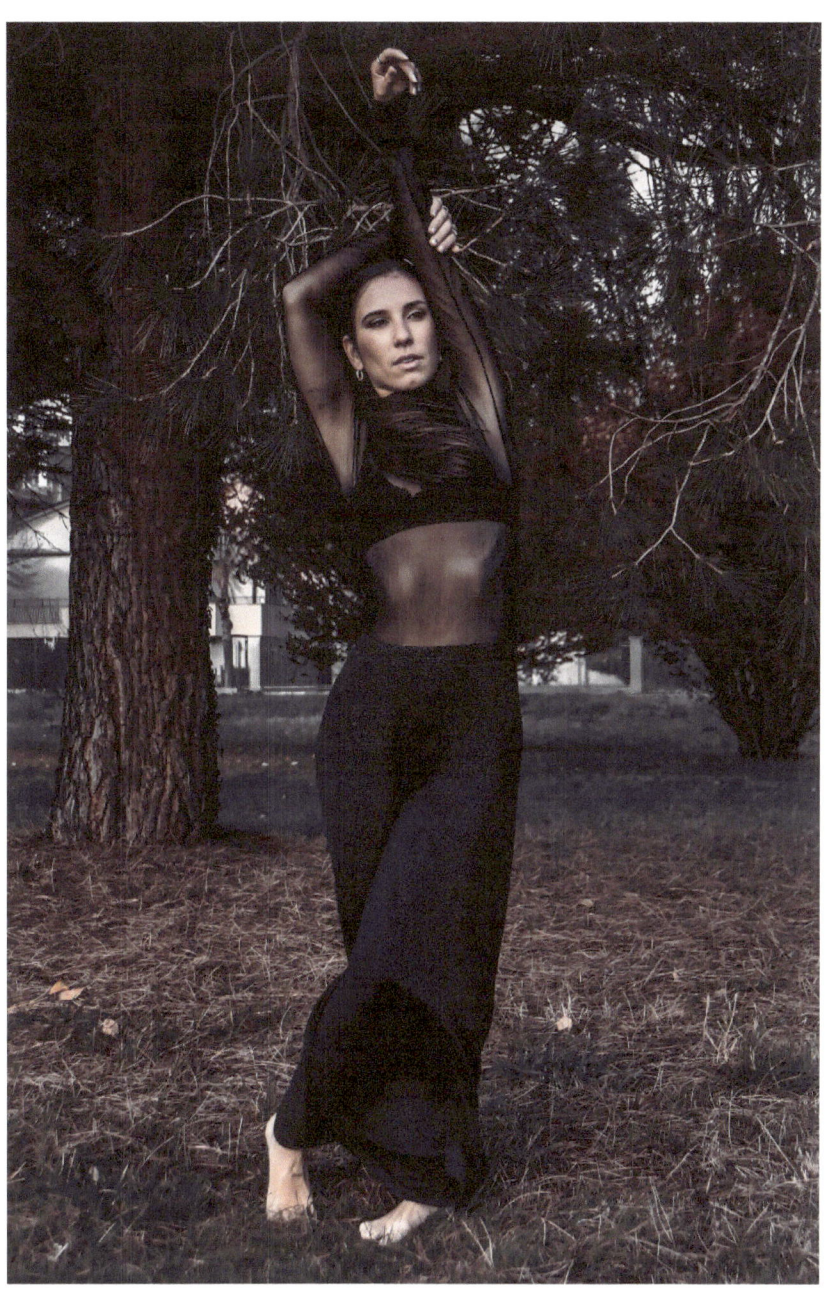

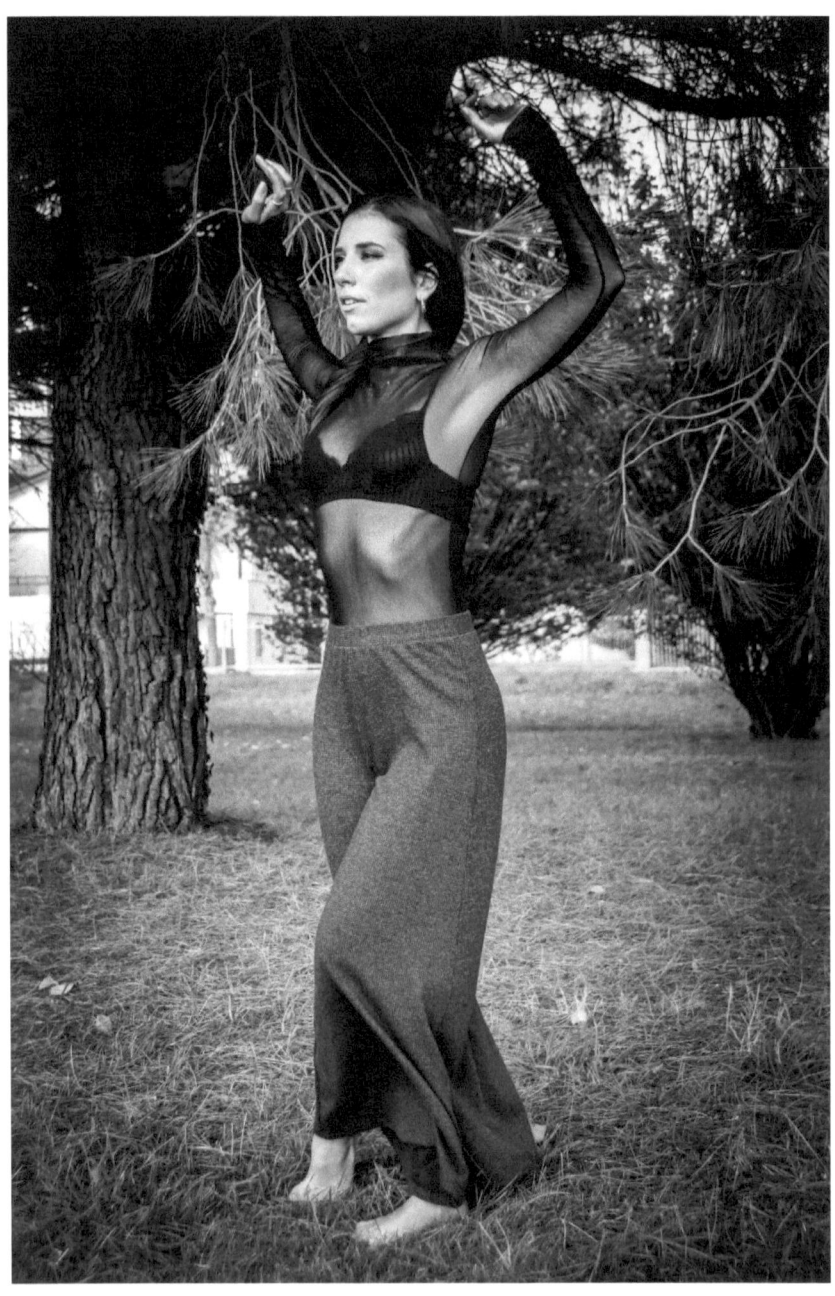

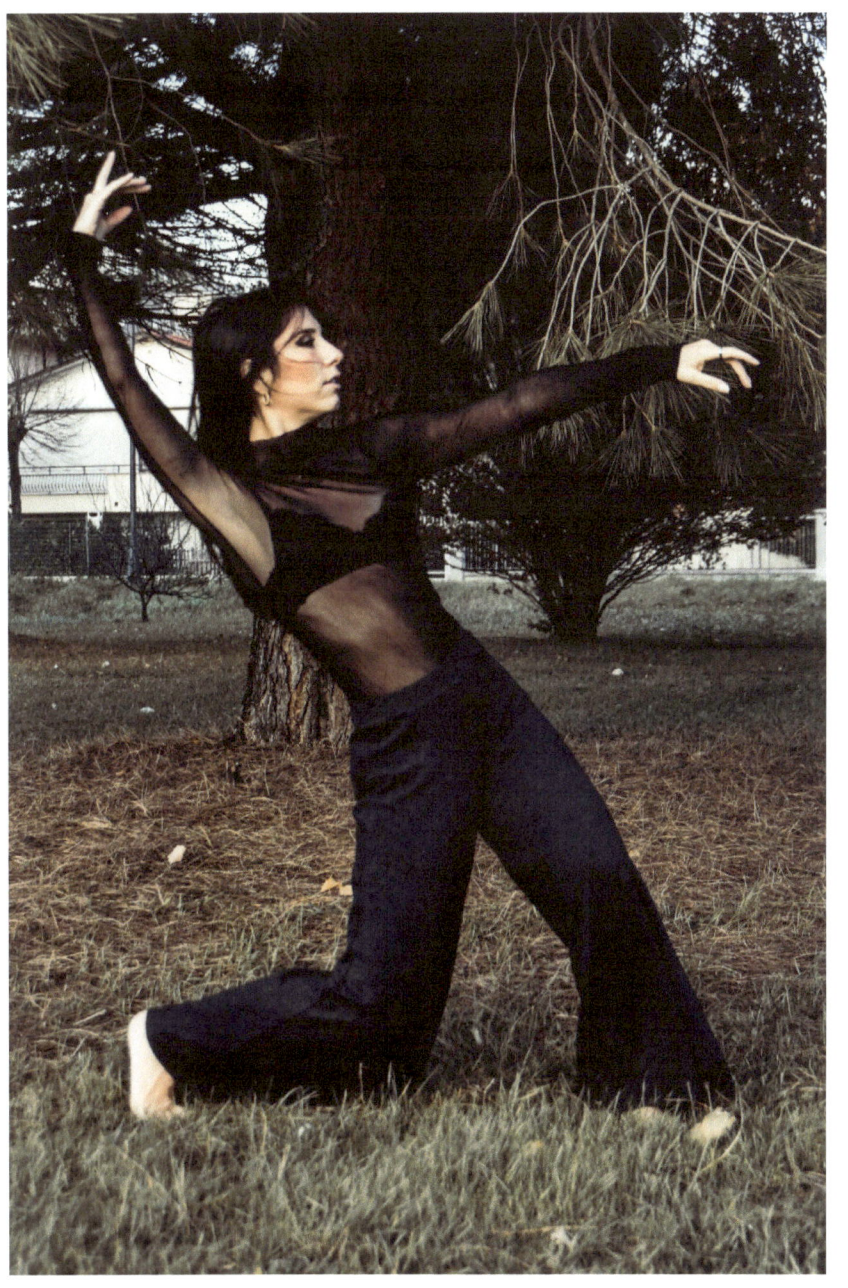

41

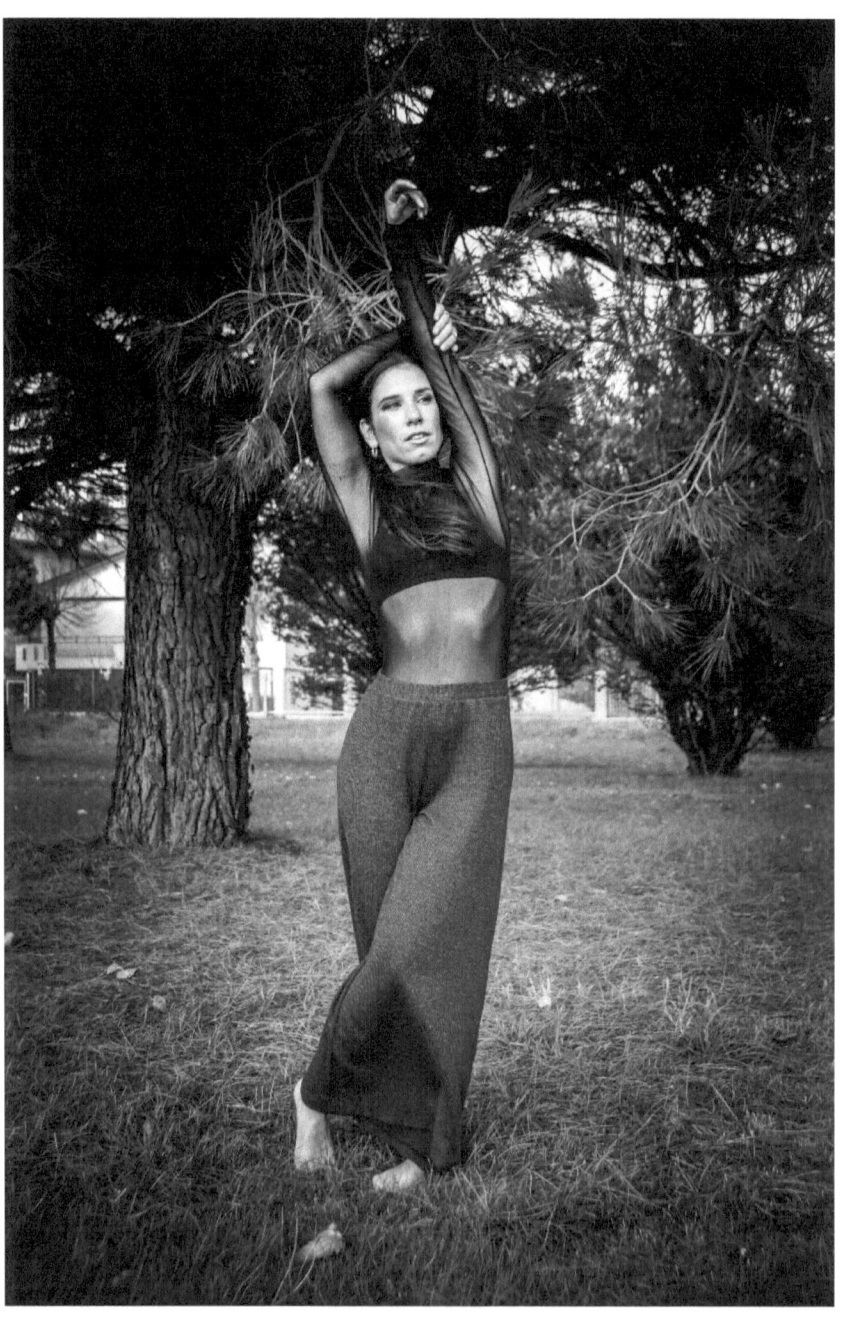

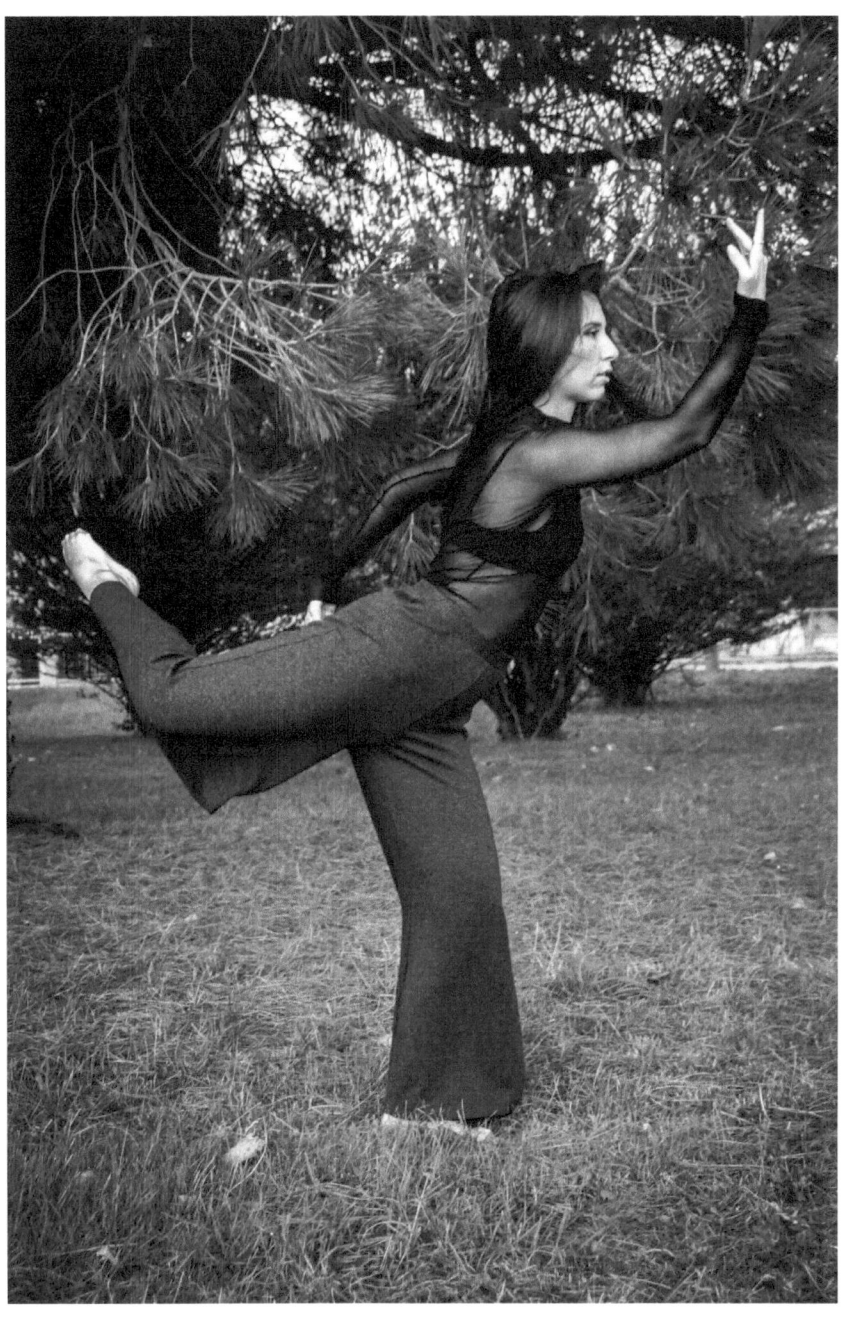

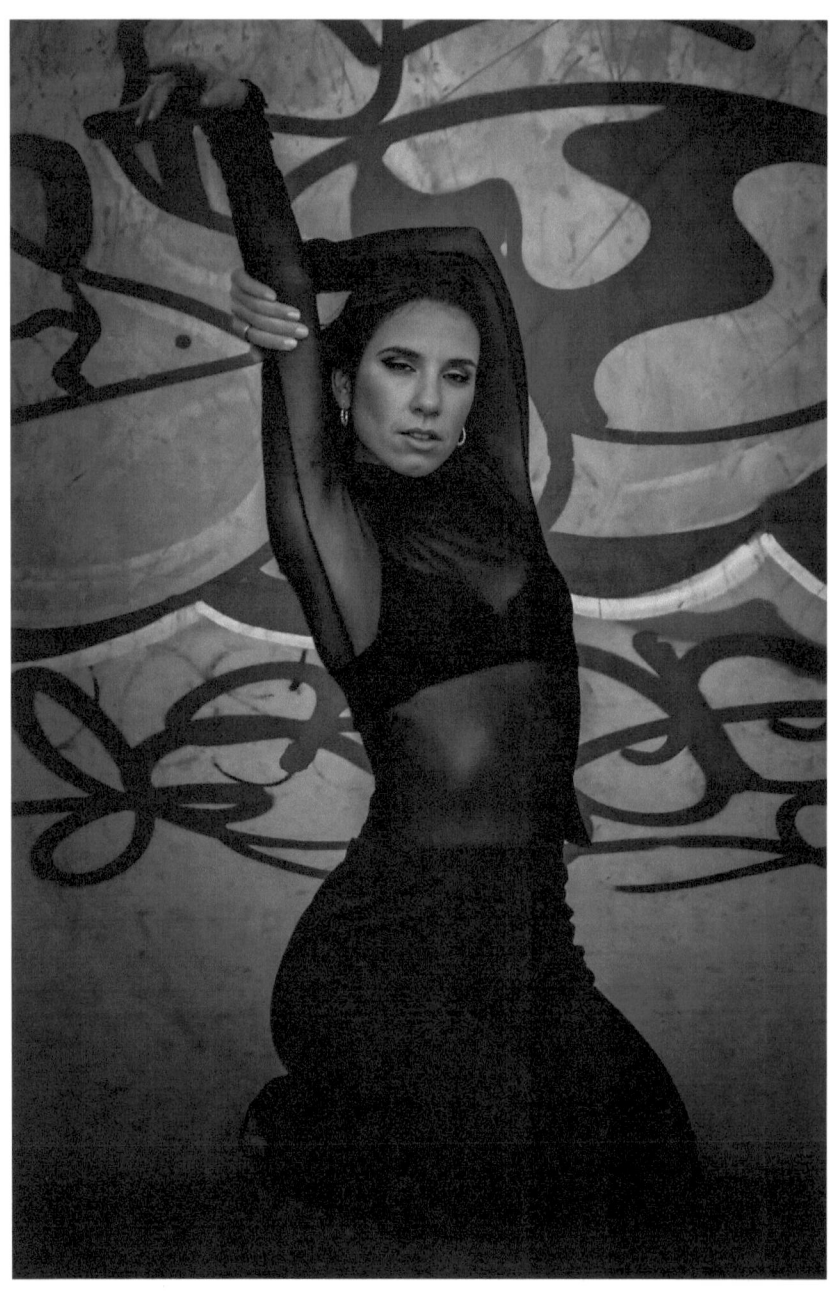

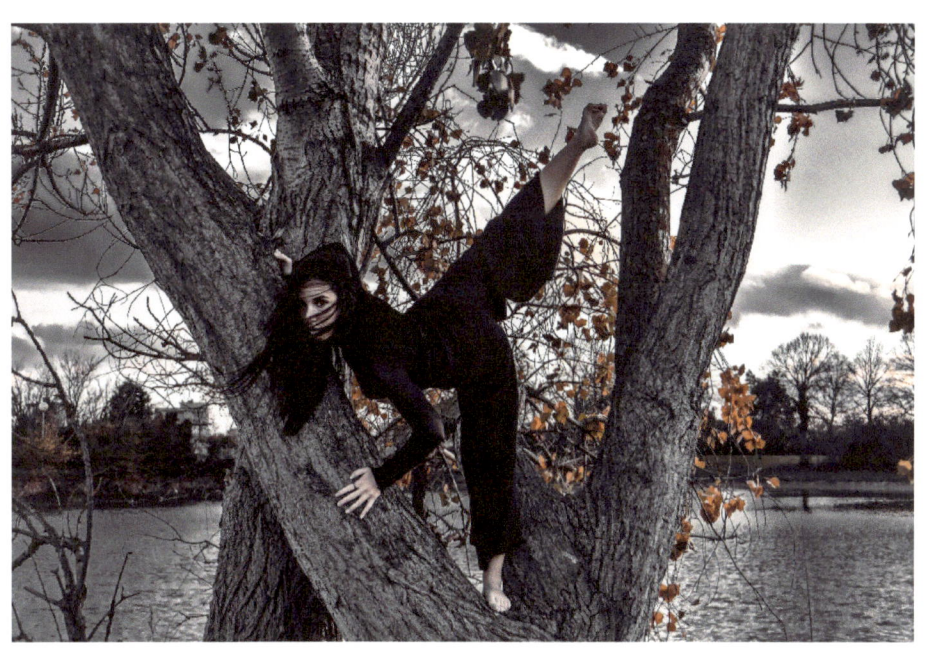

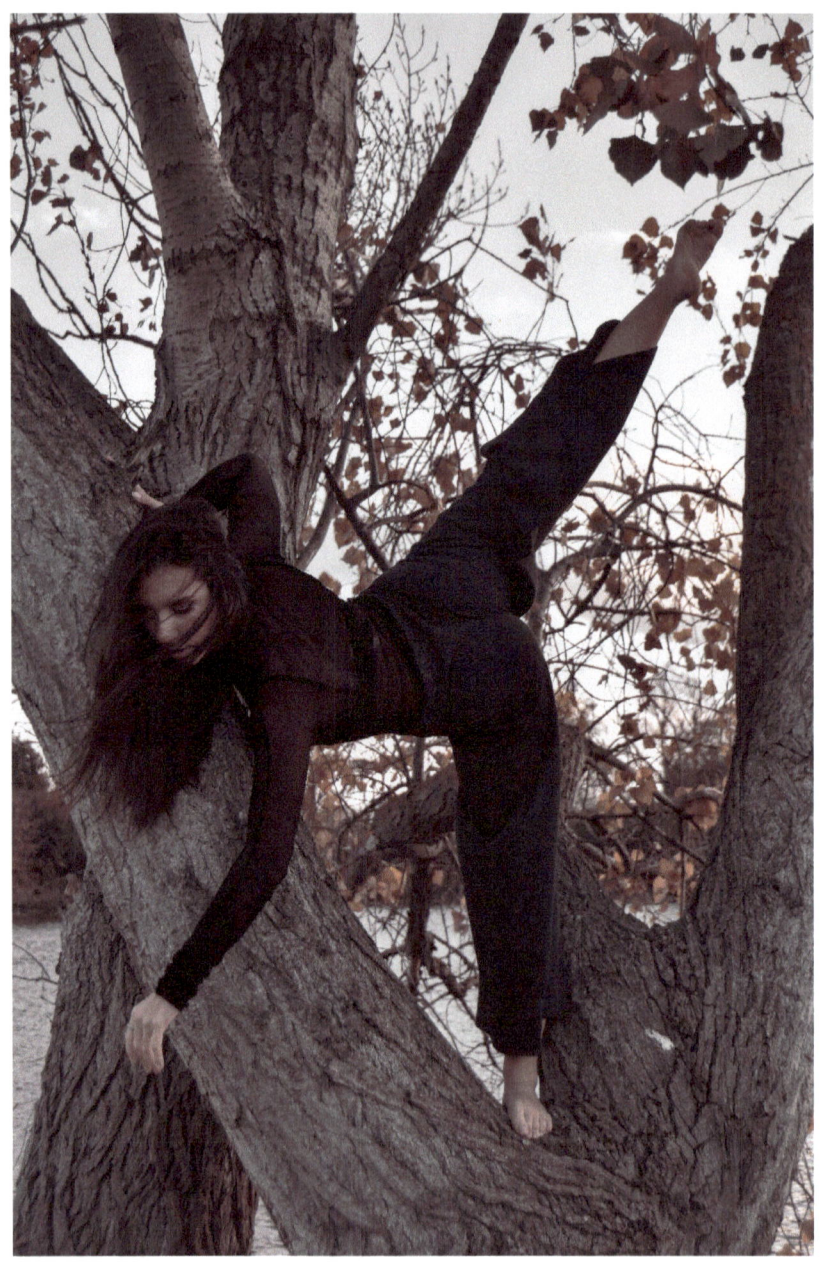

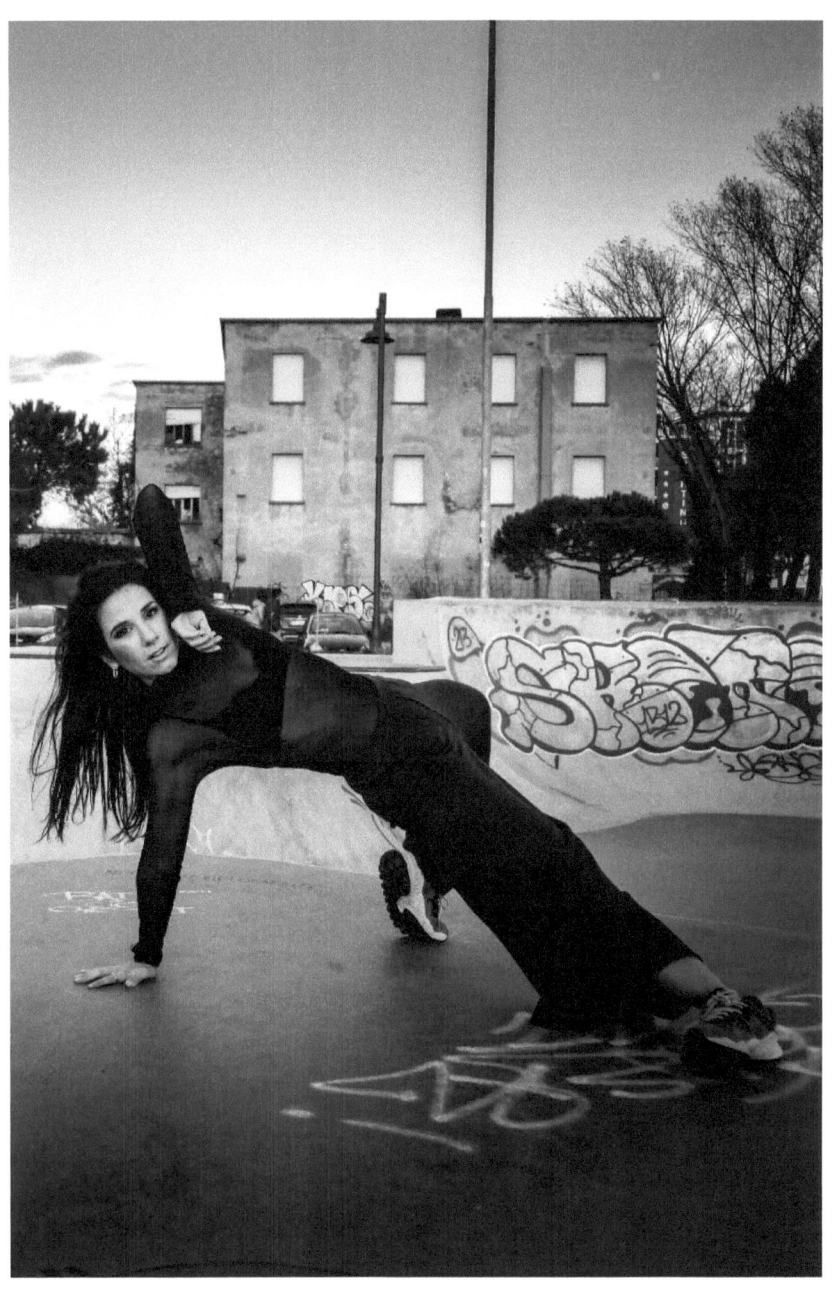

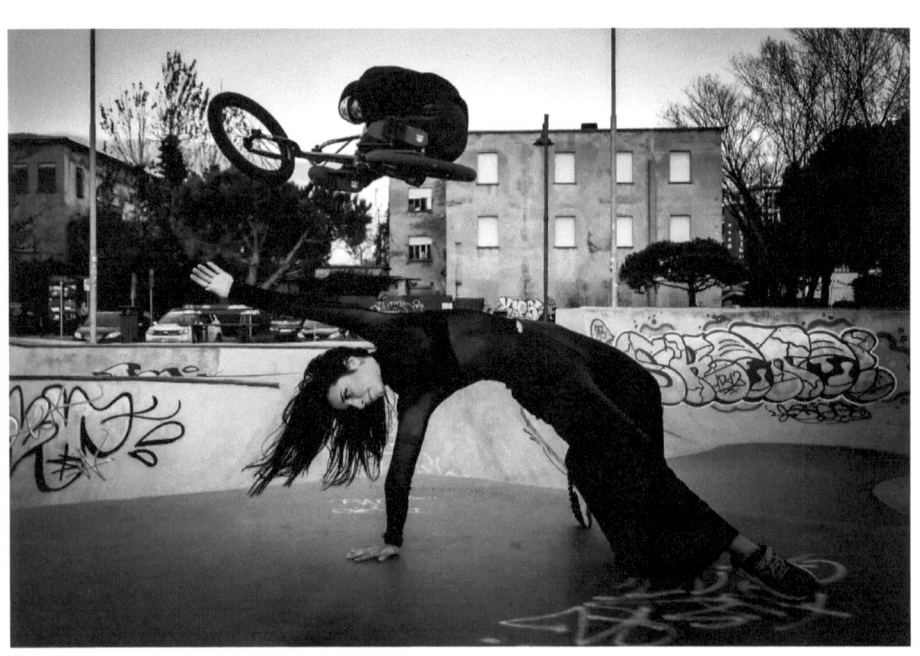

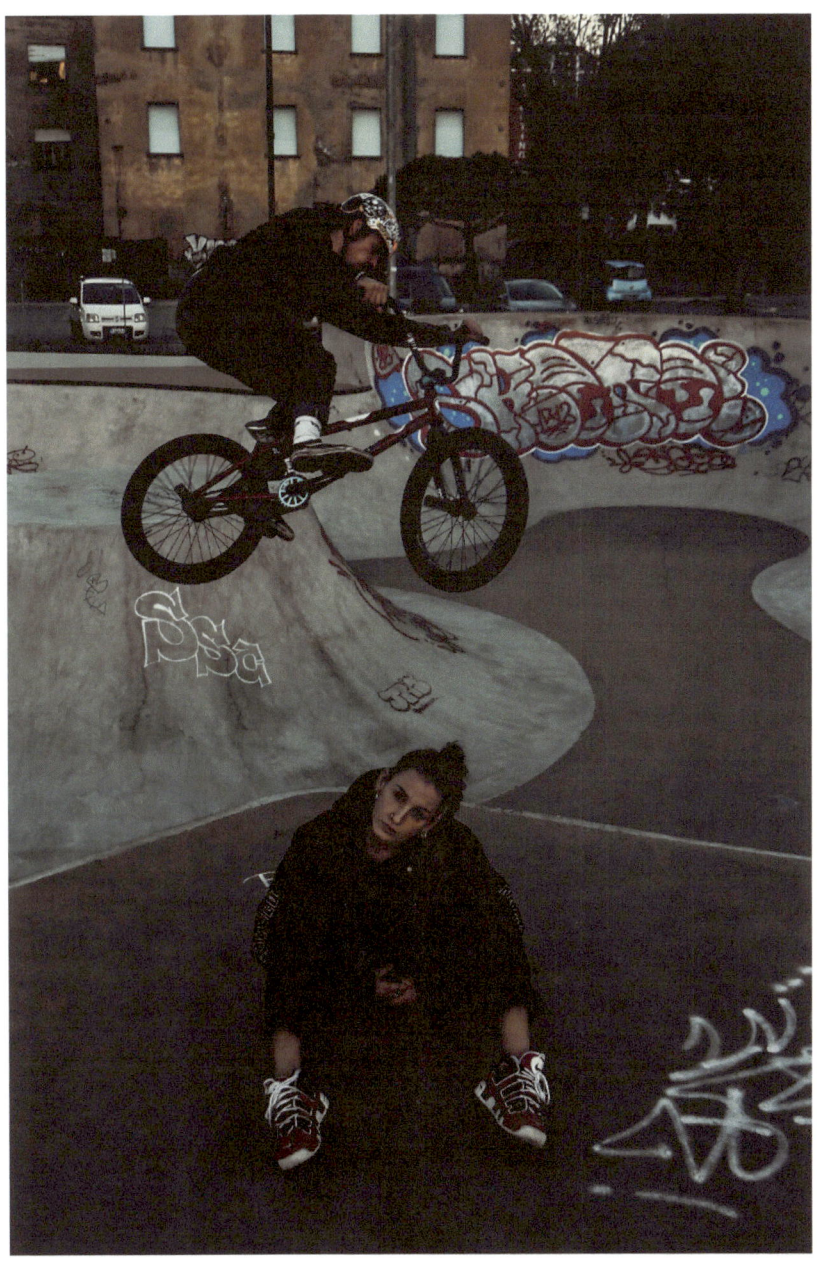

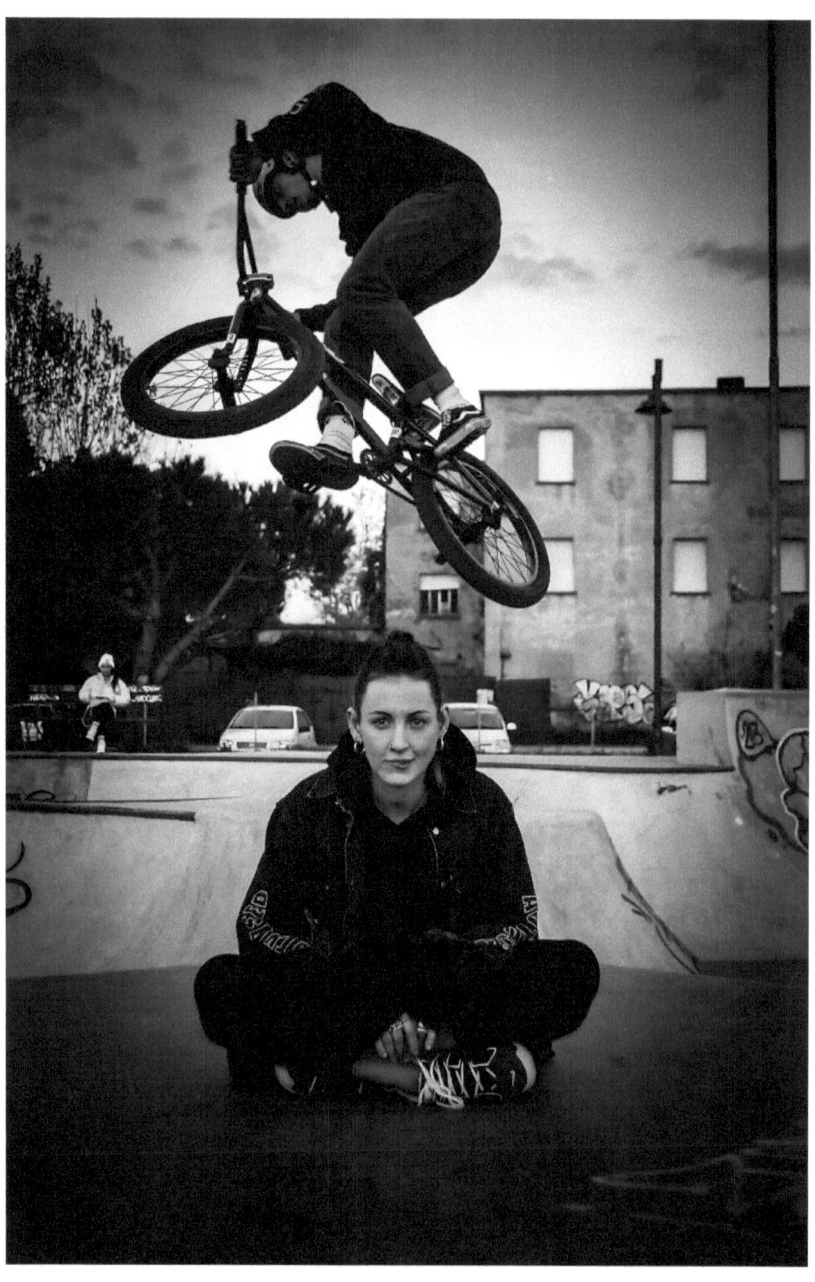

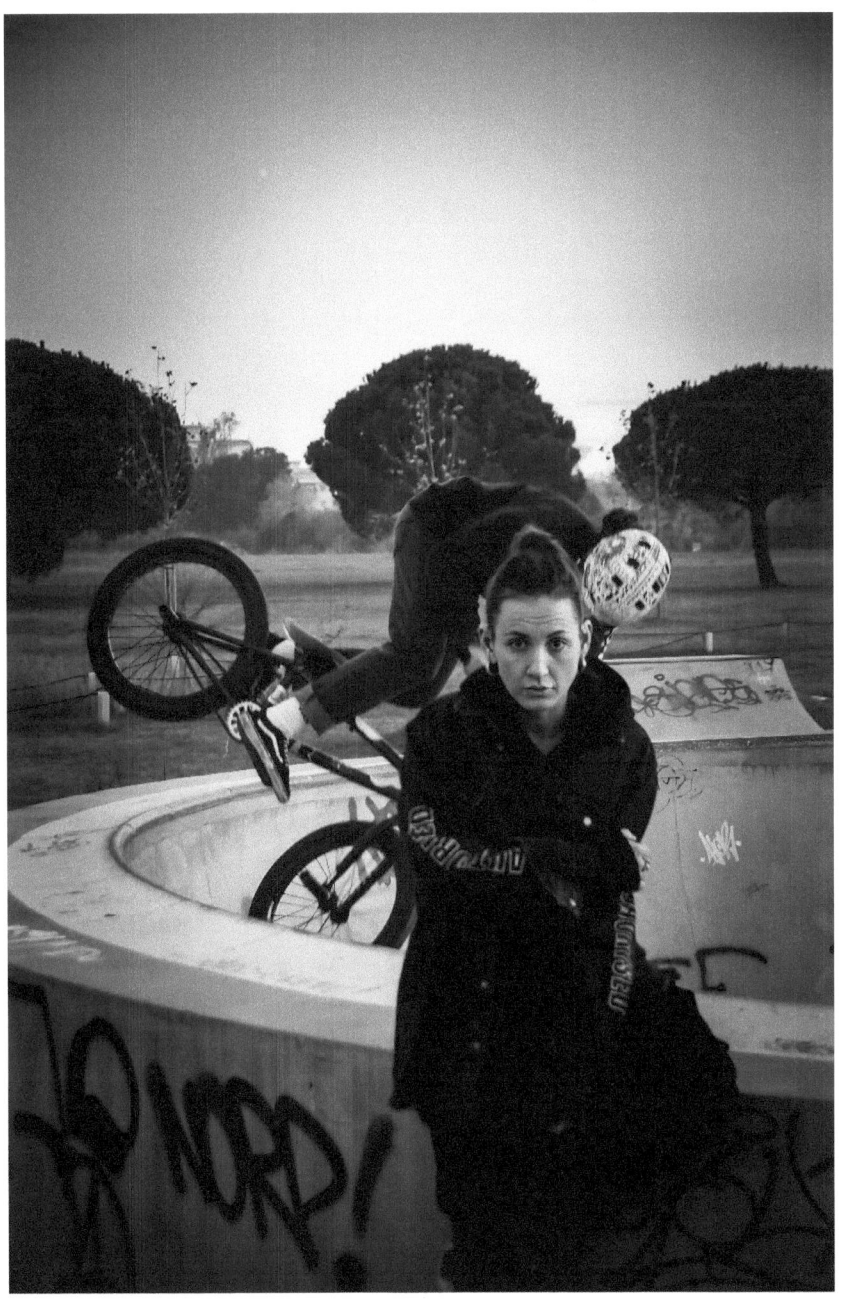

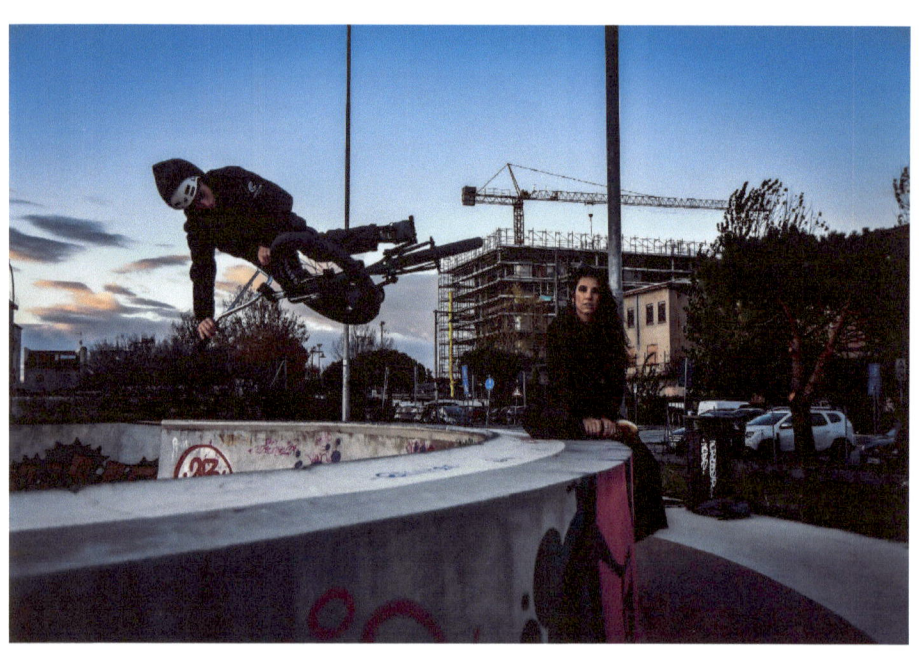

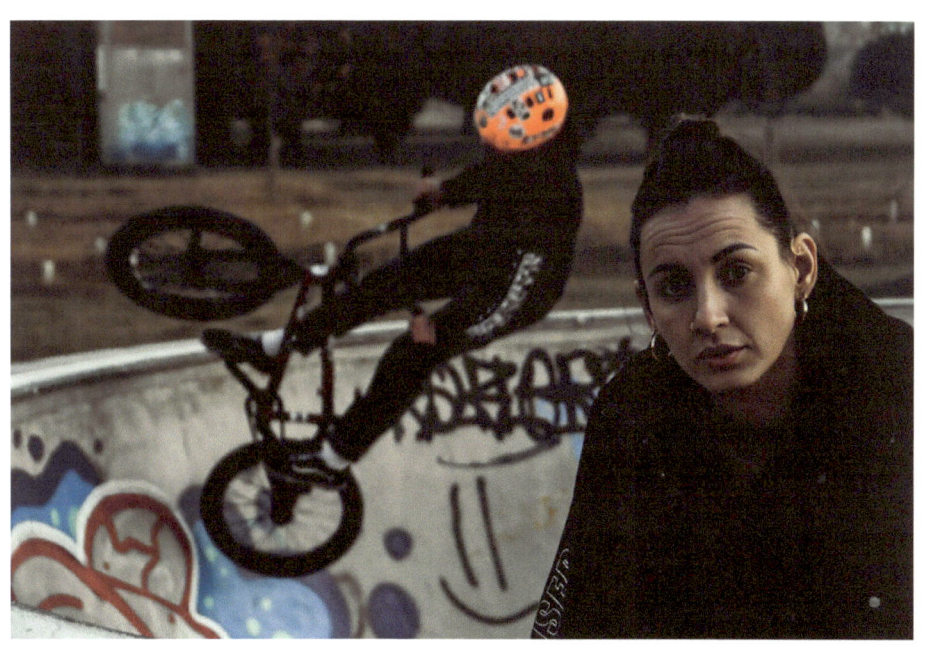

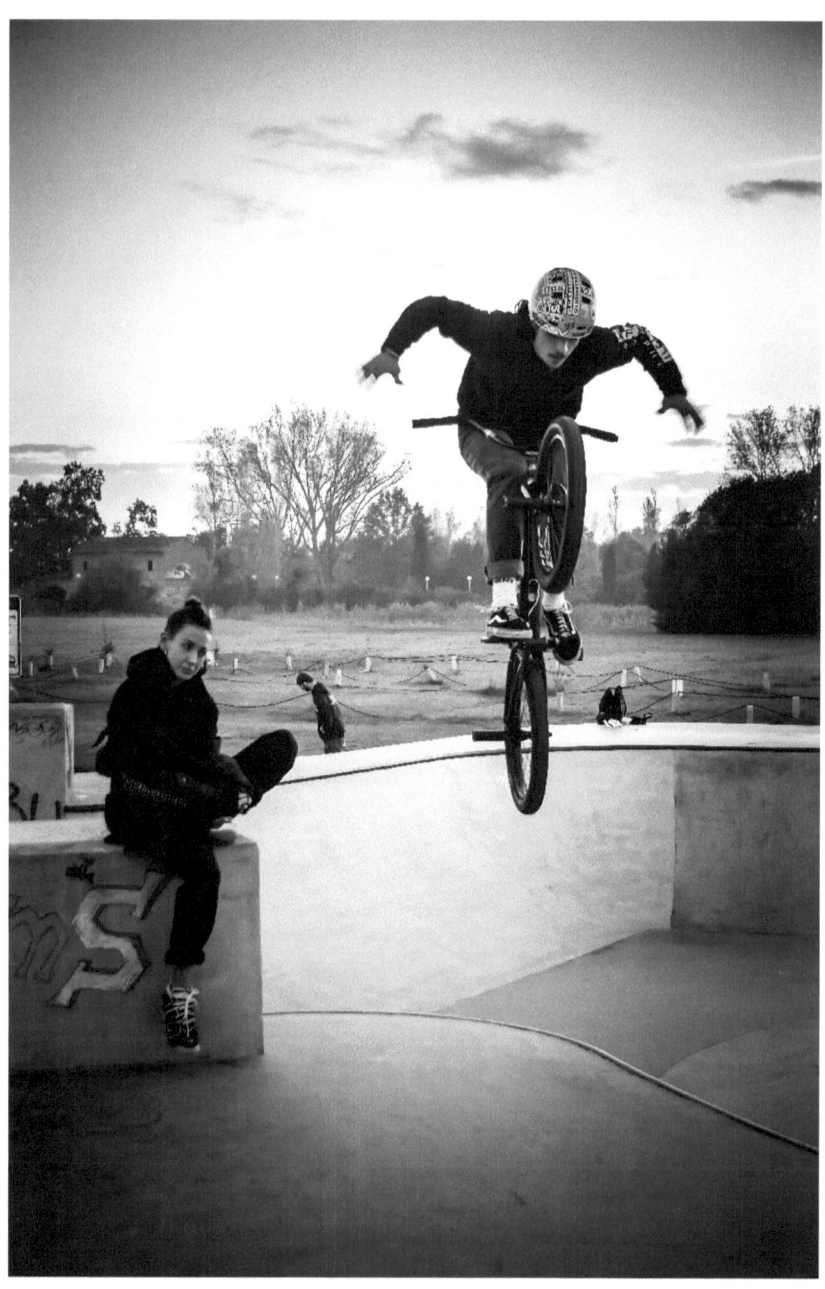

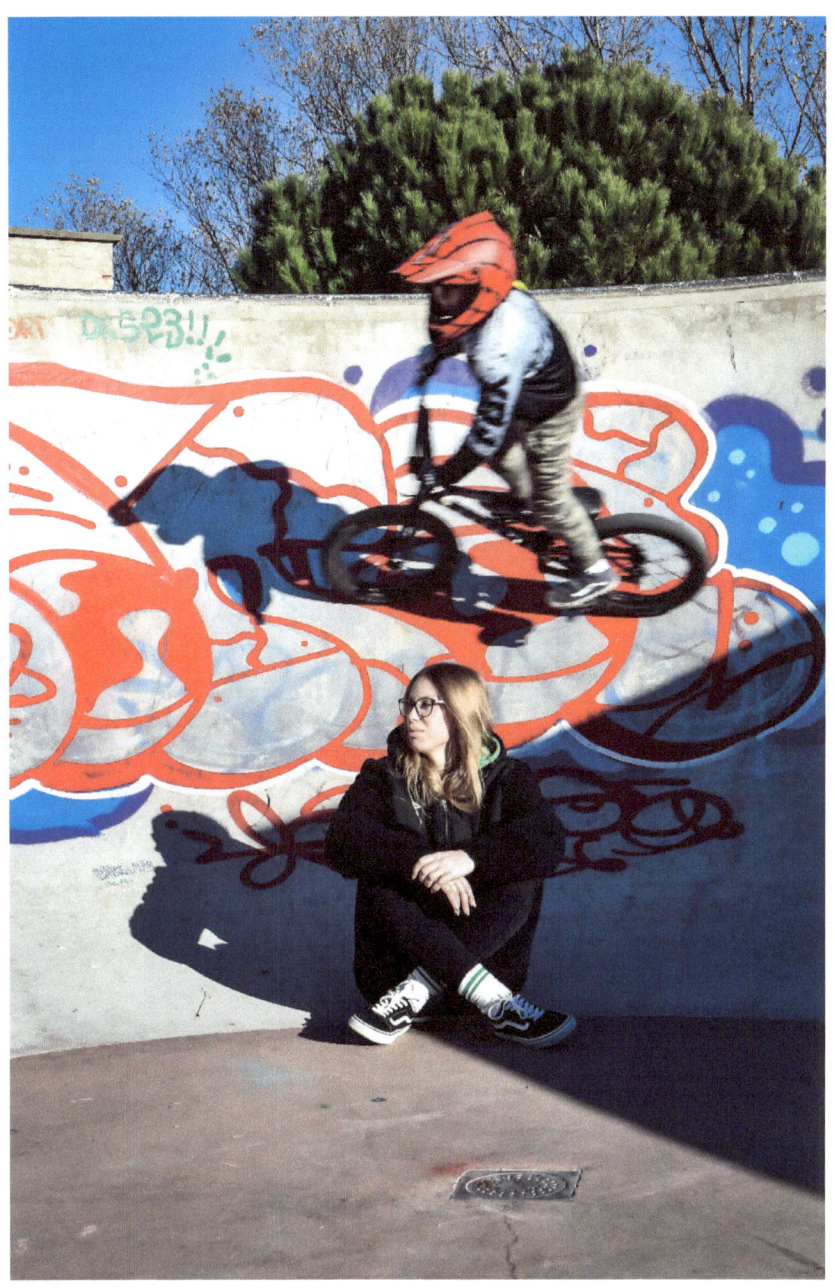

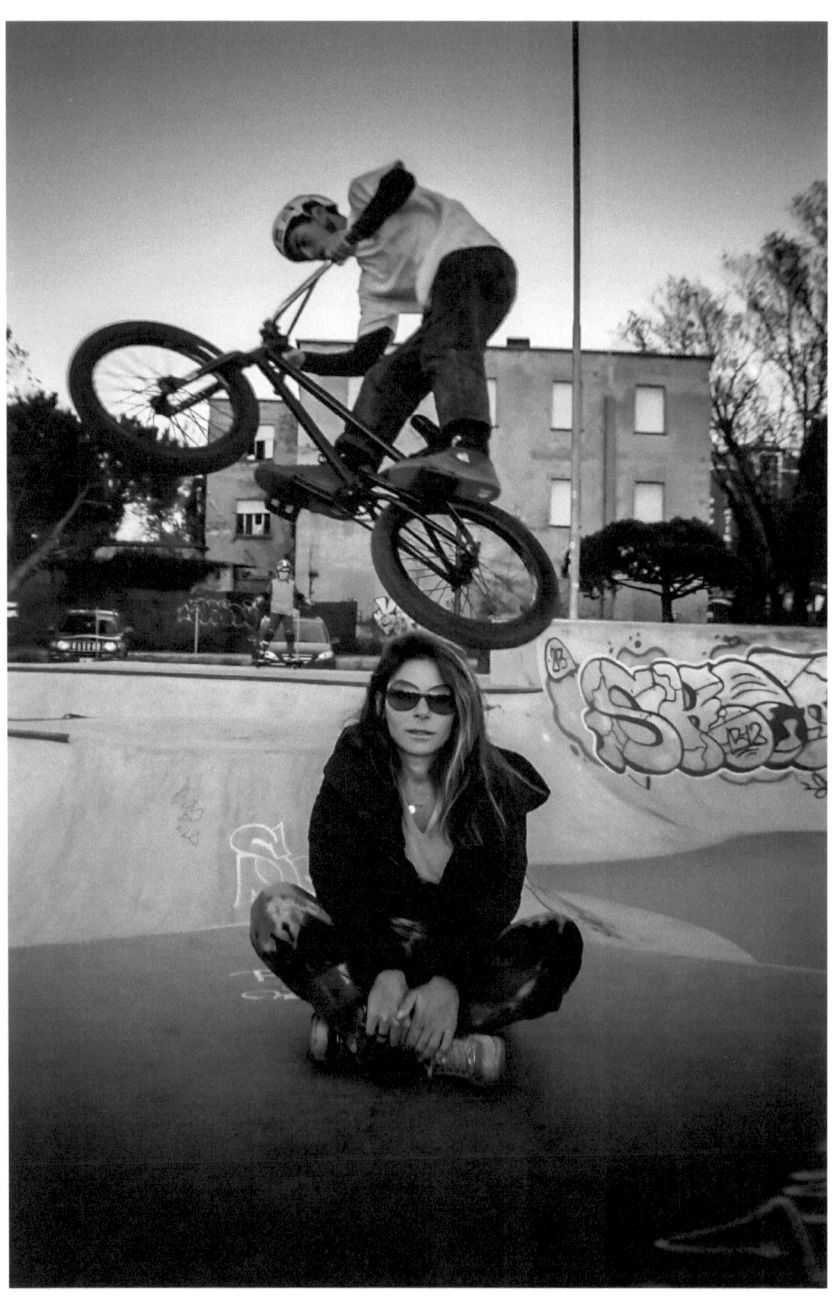

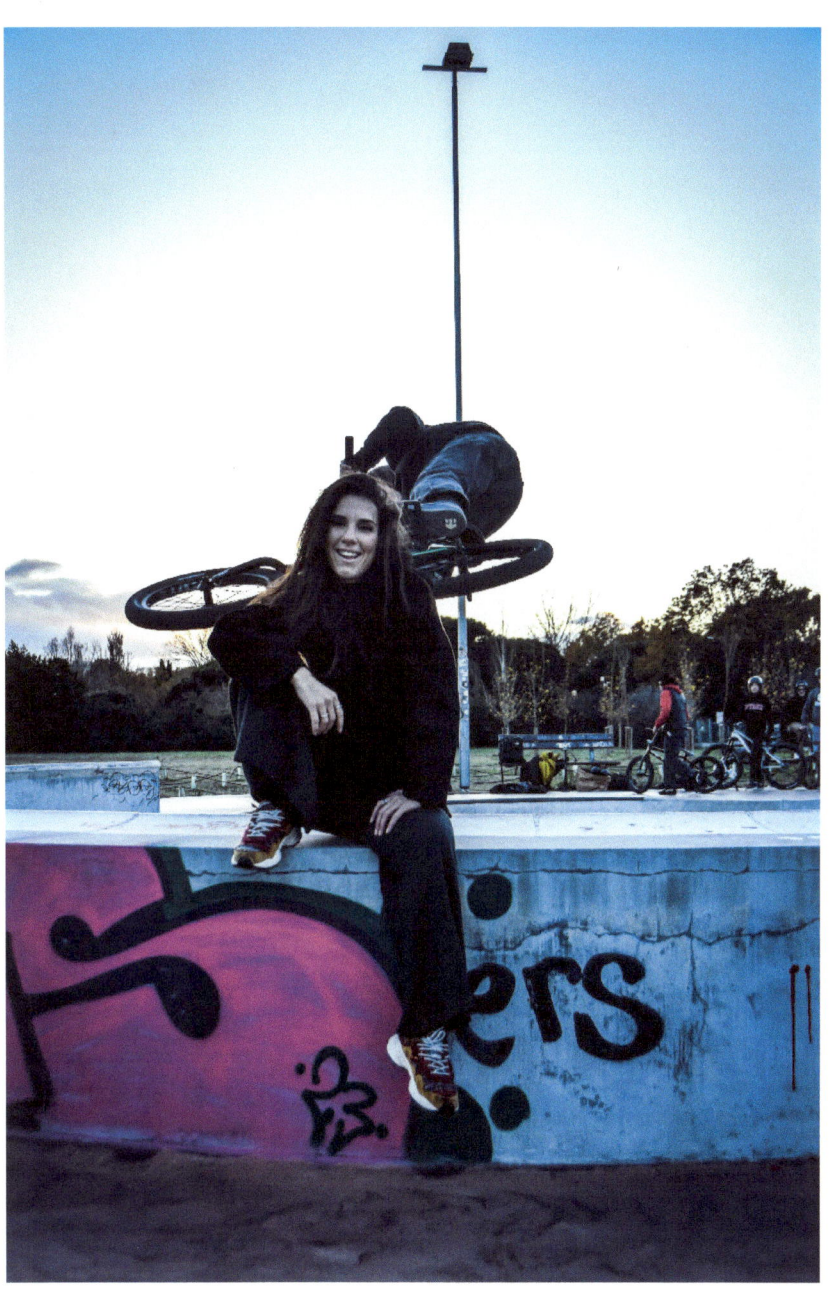

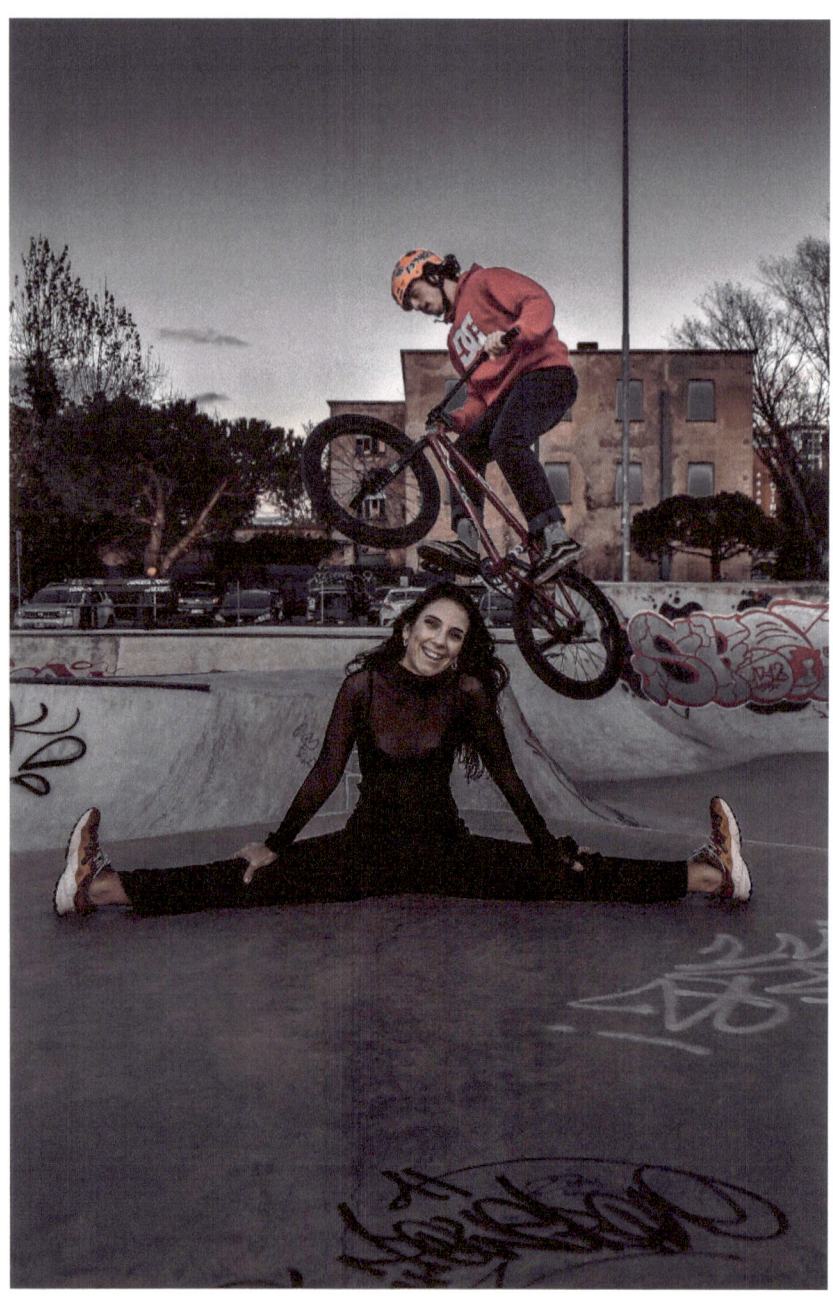

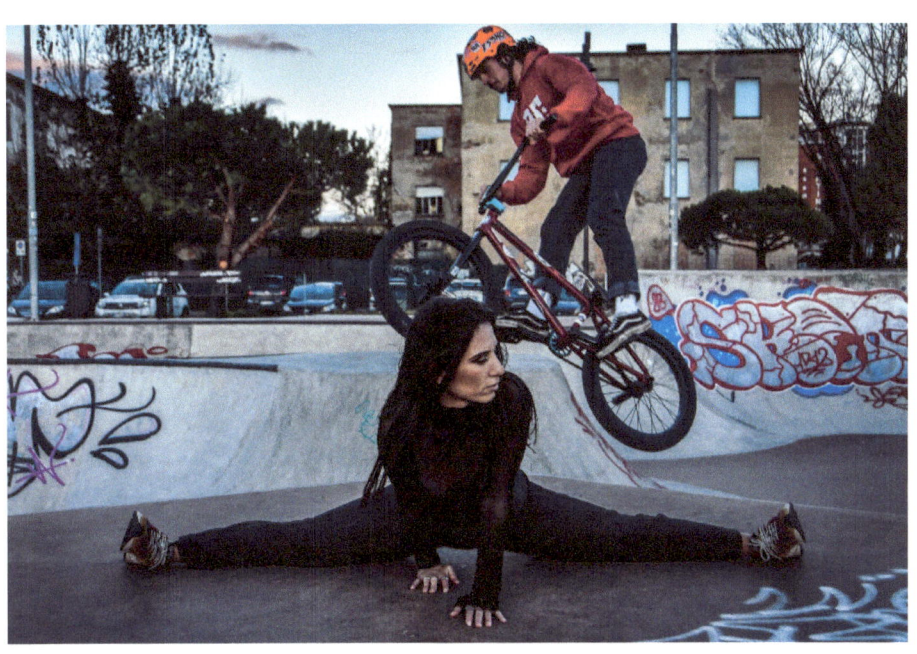

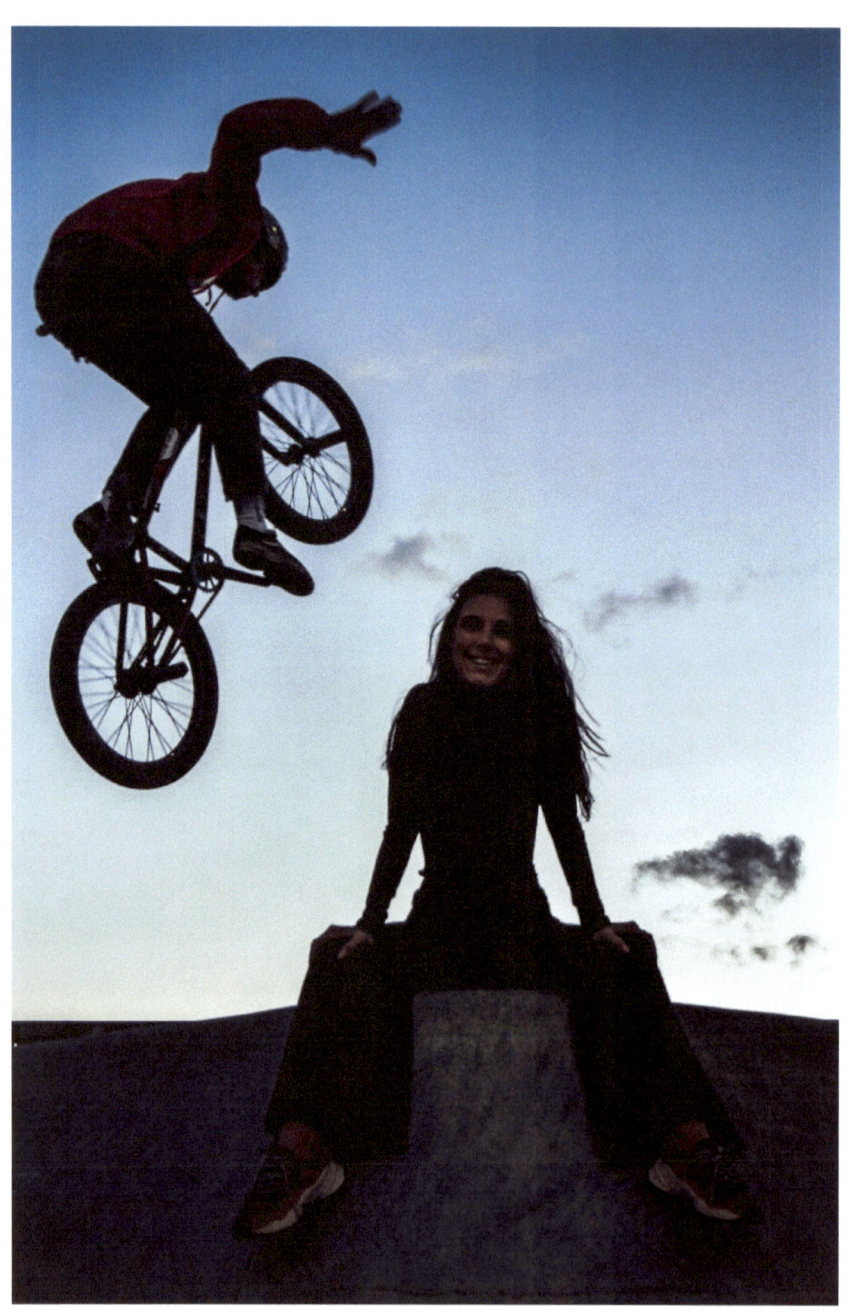

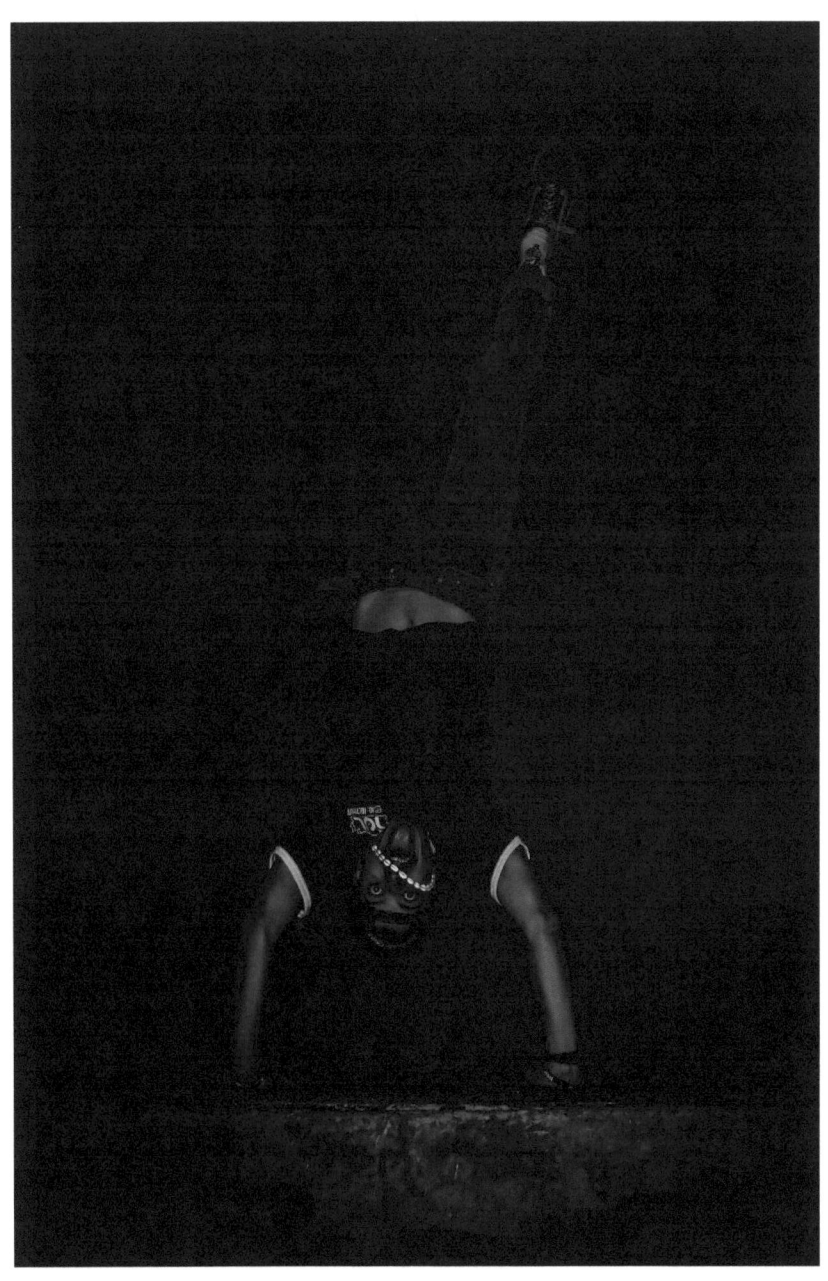

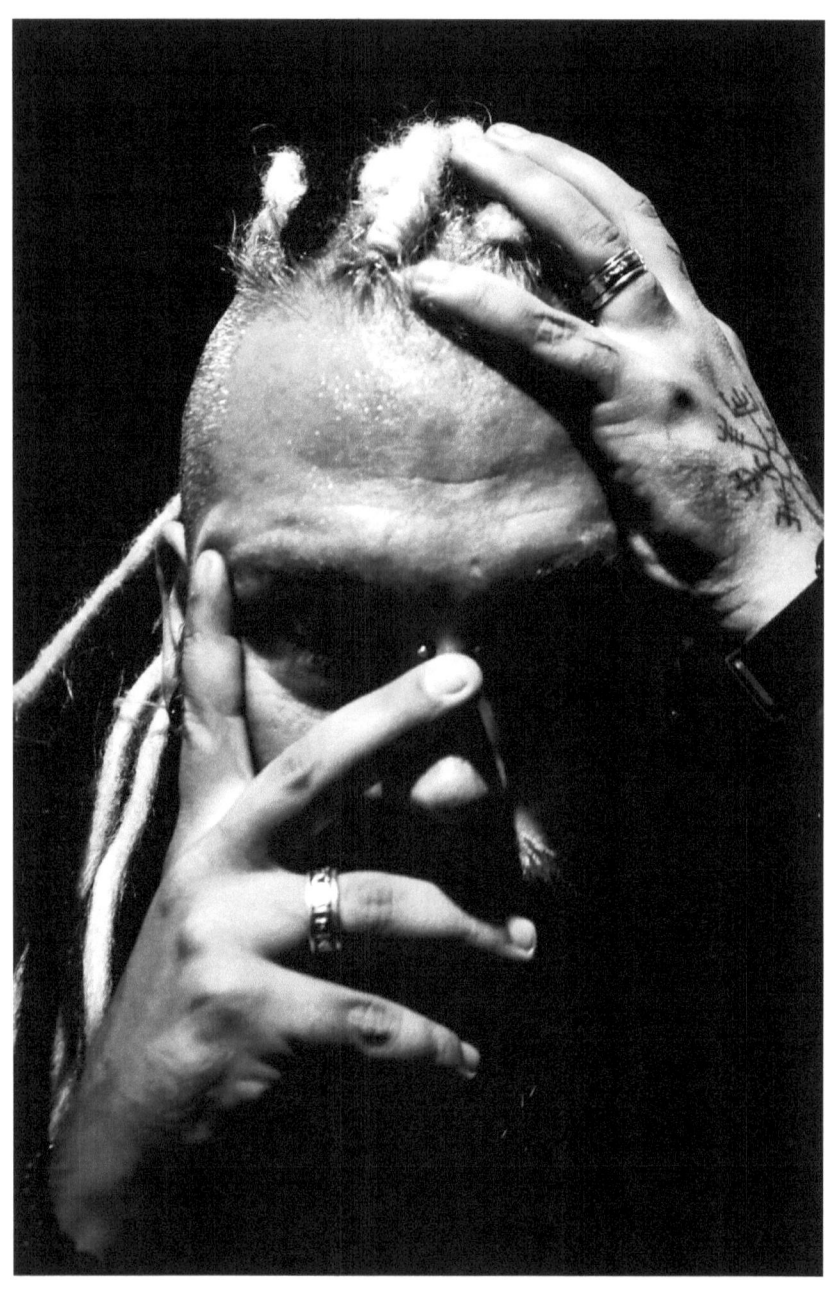

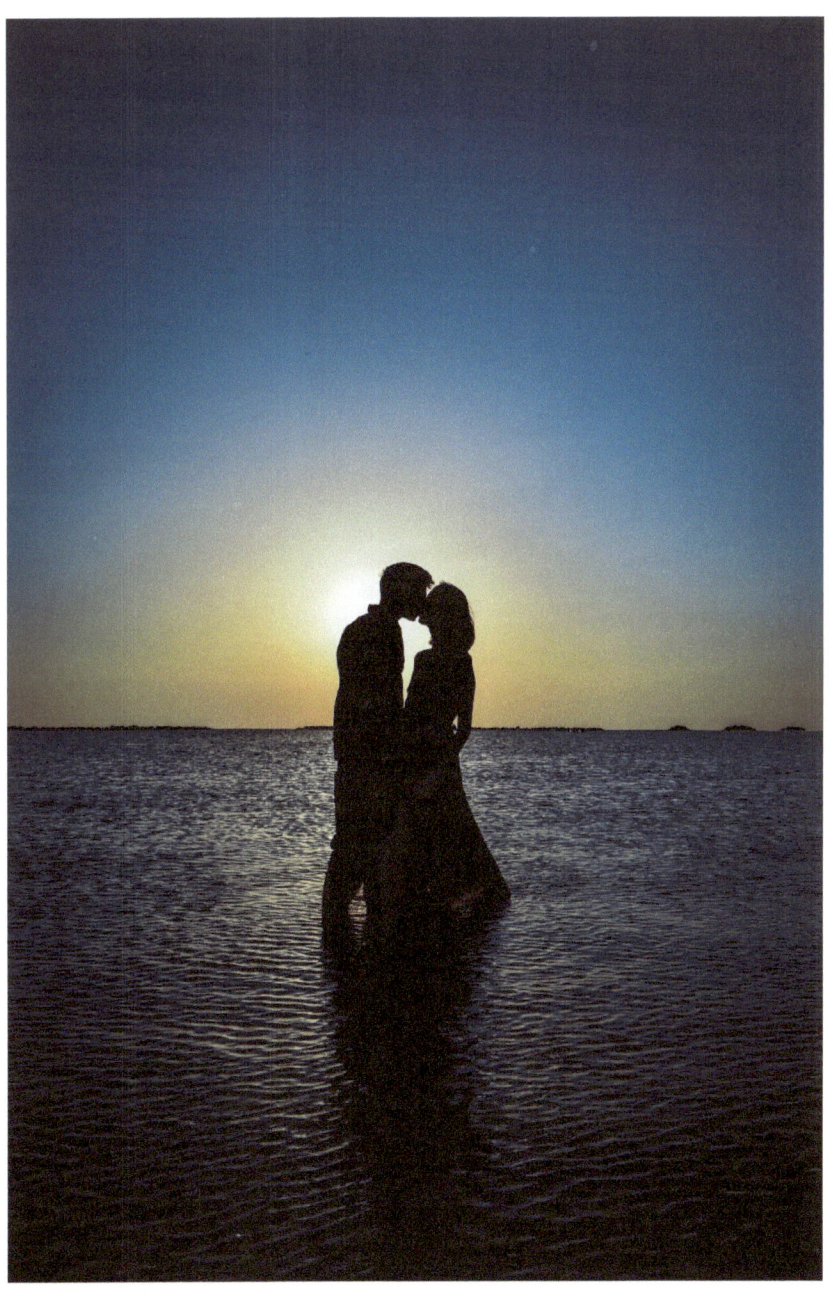

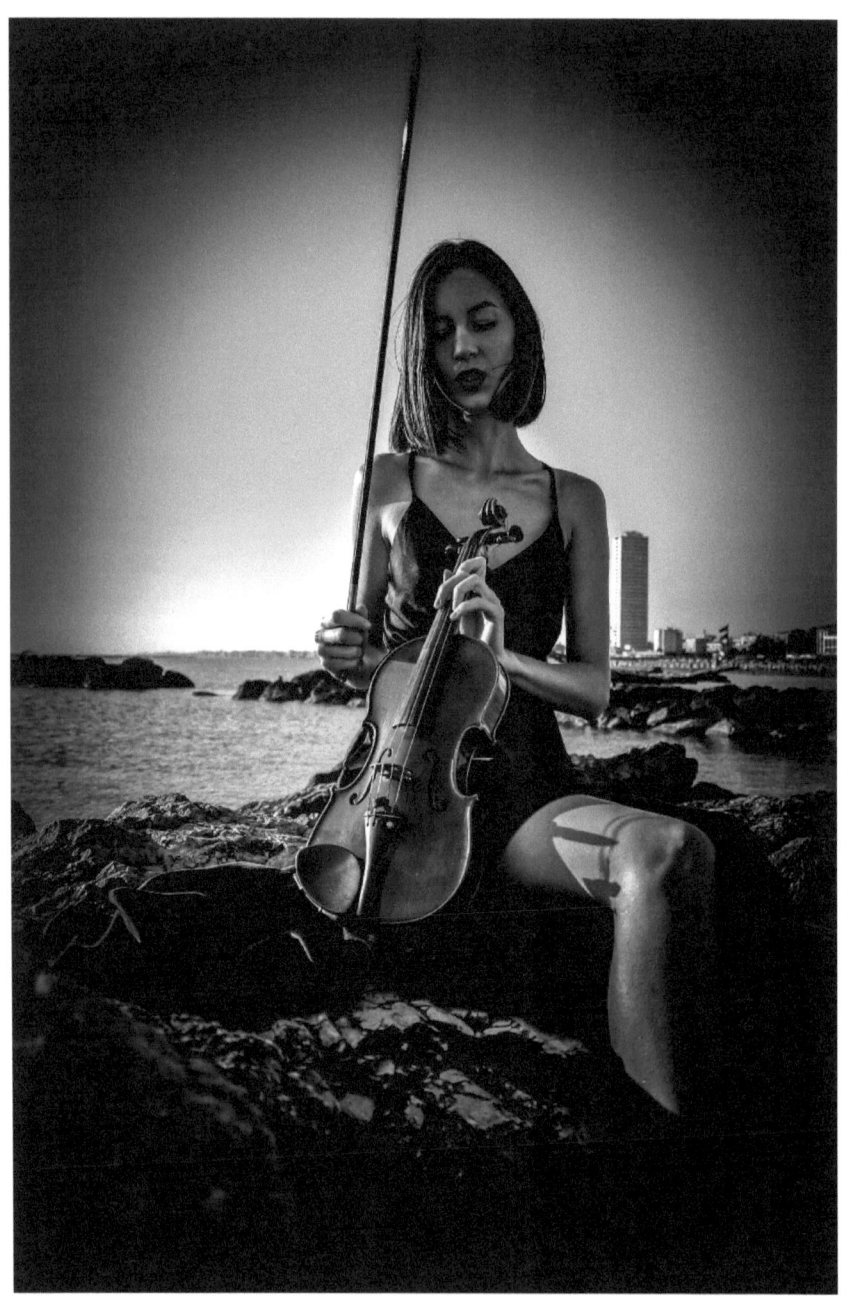

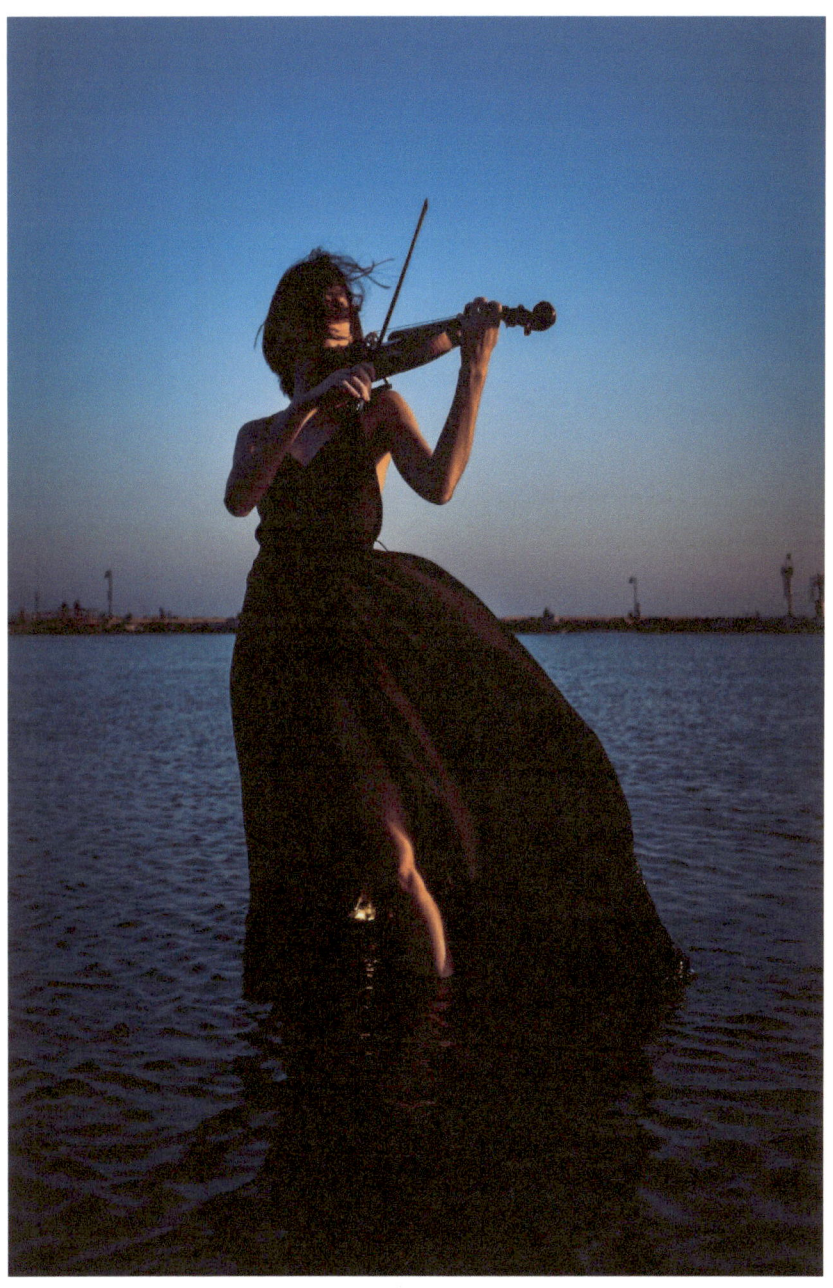

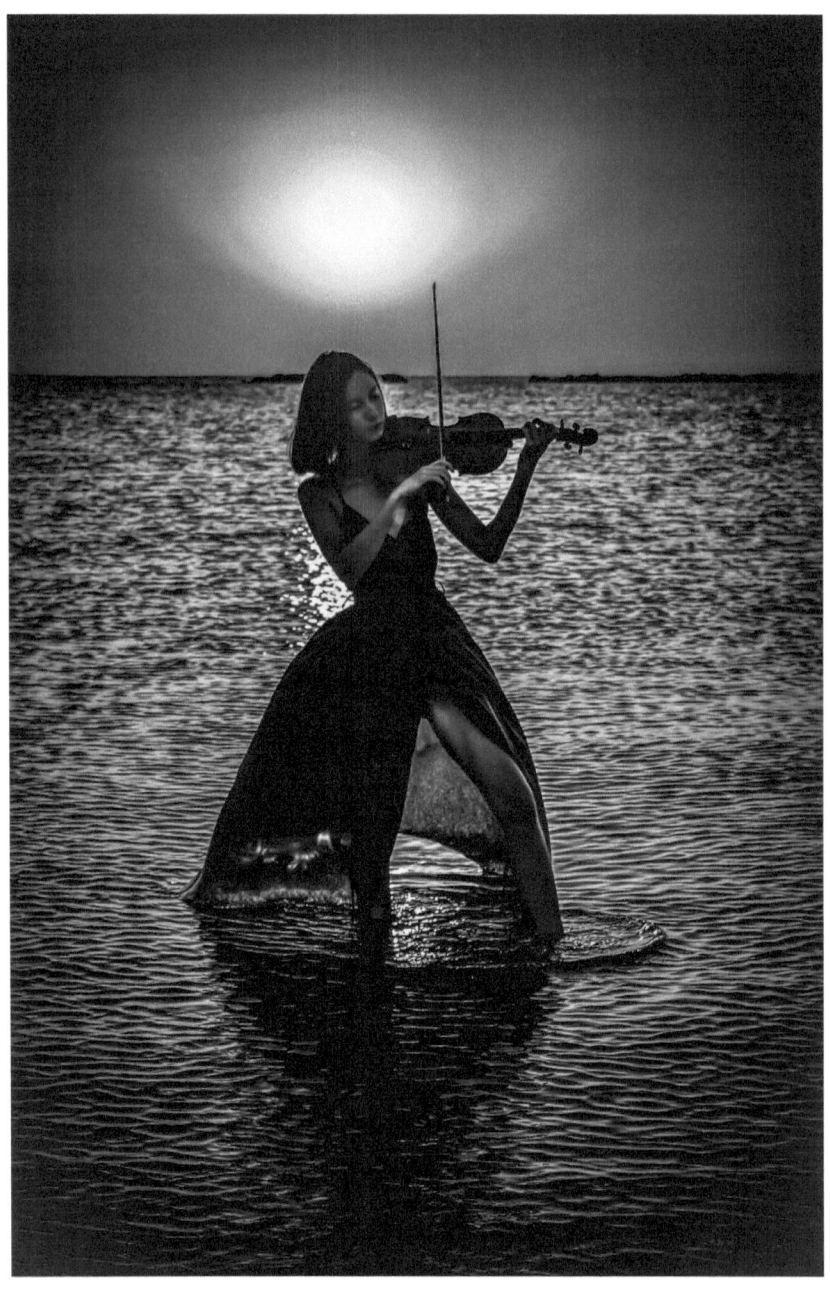

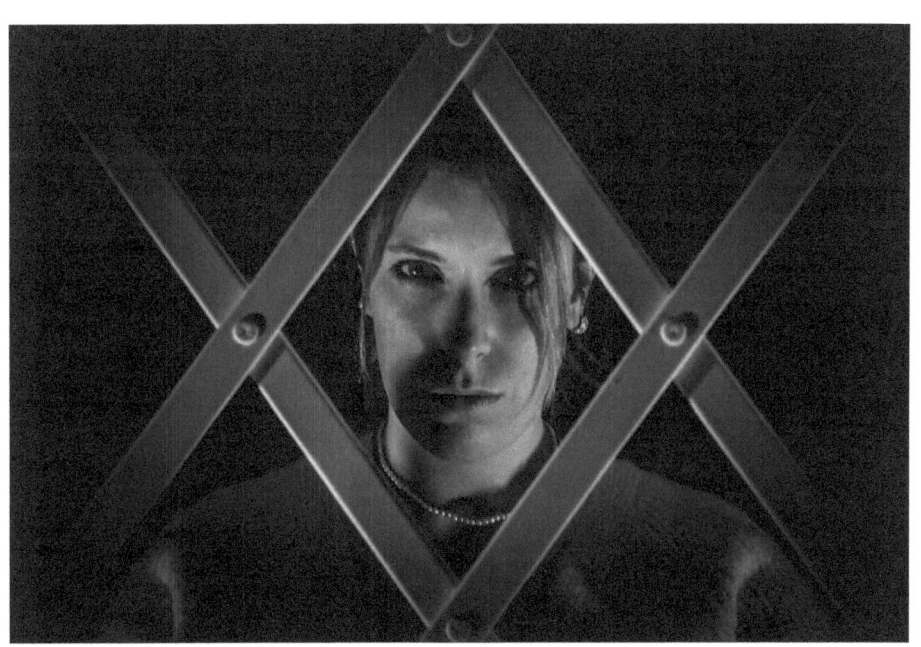

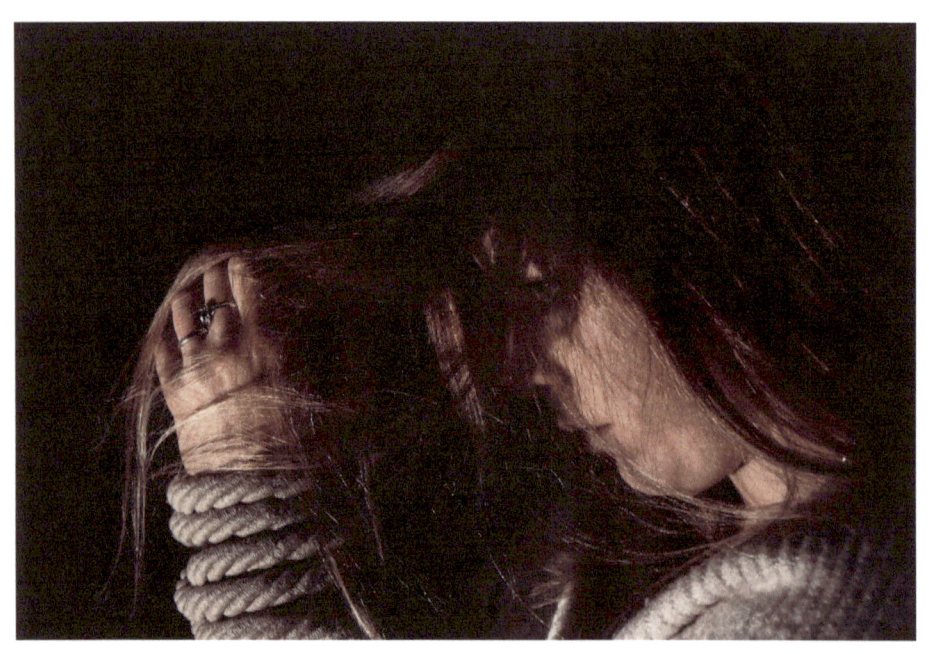

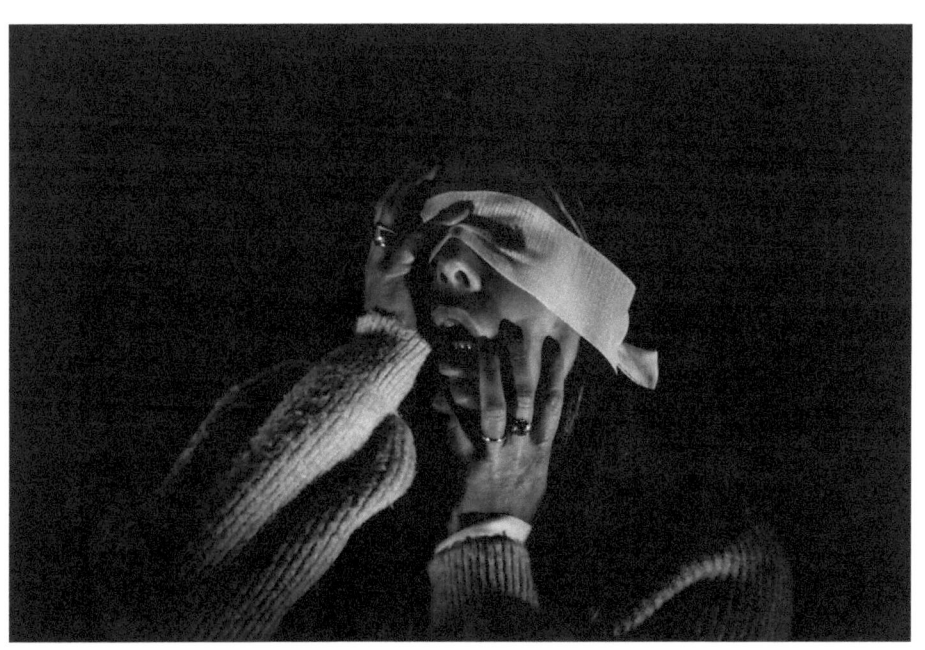

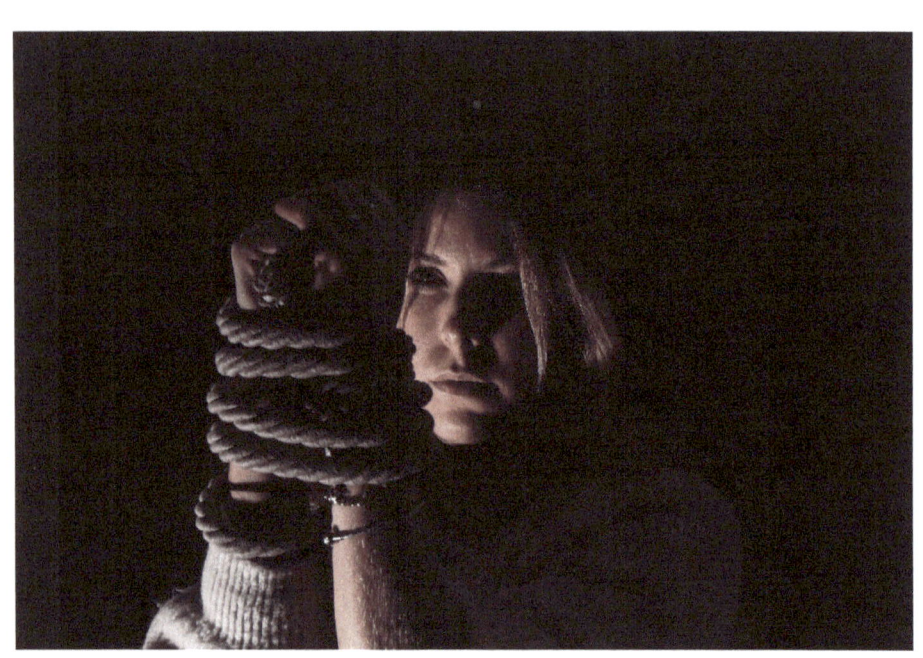

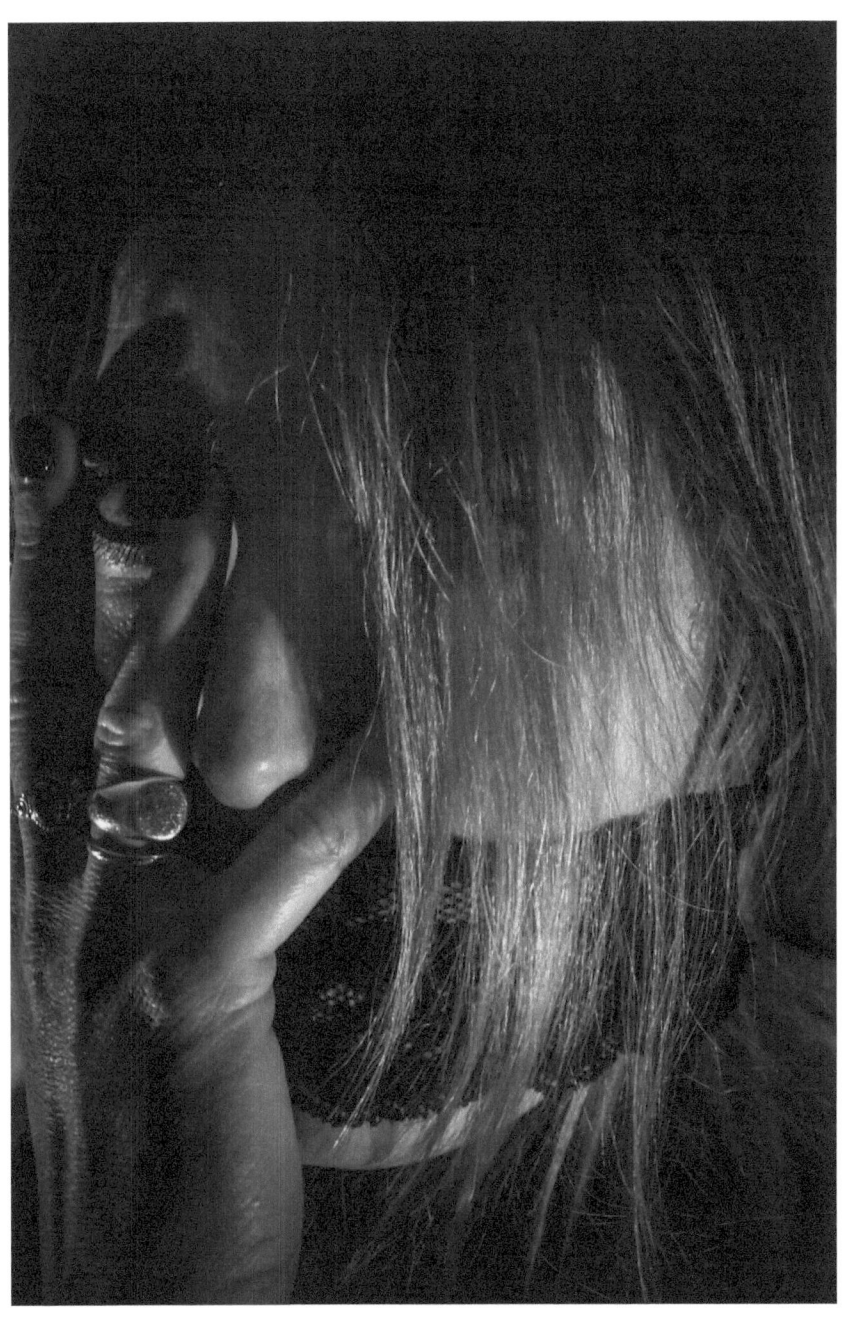

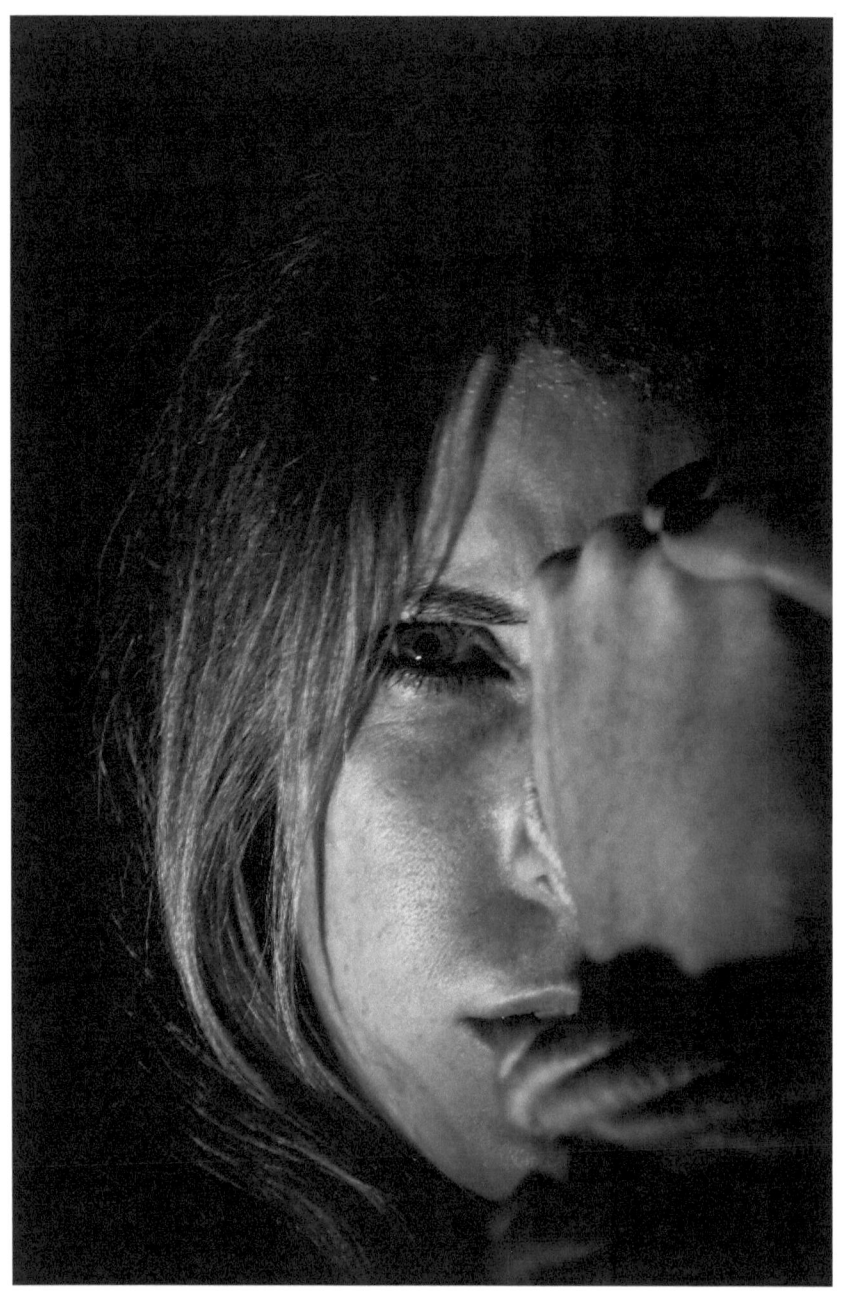

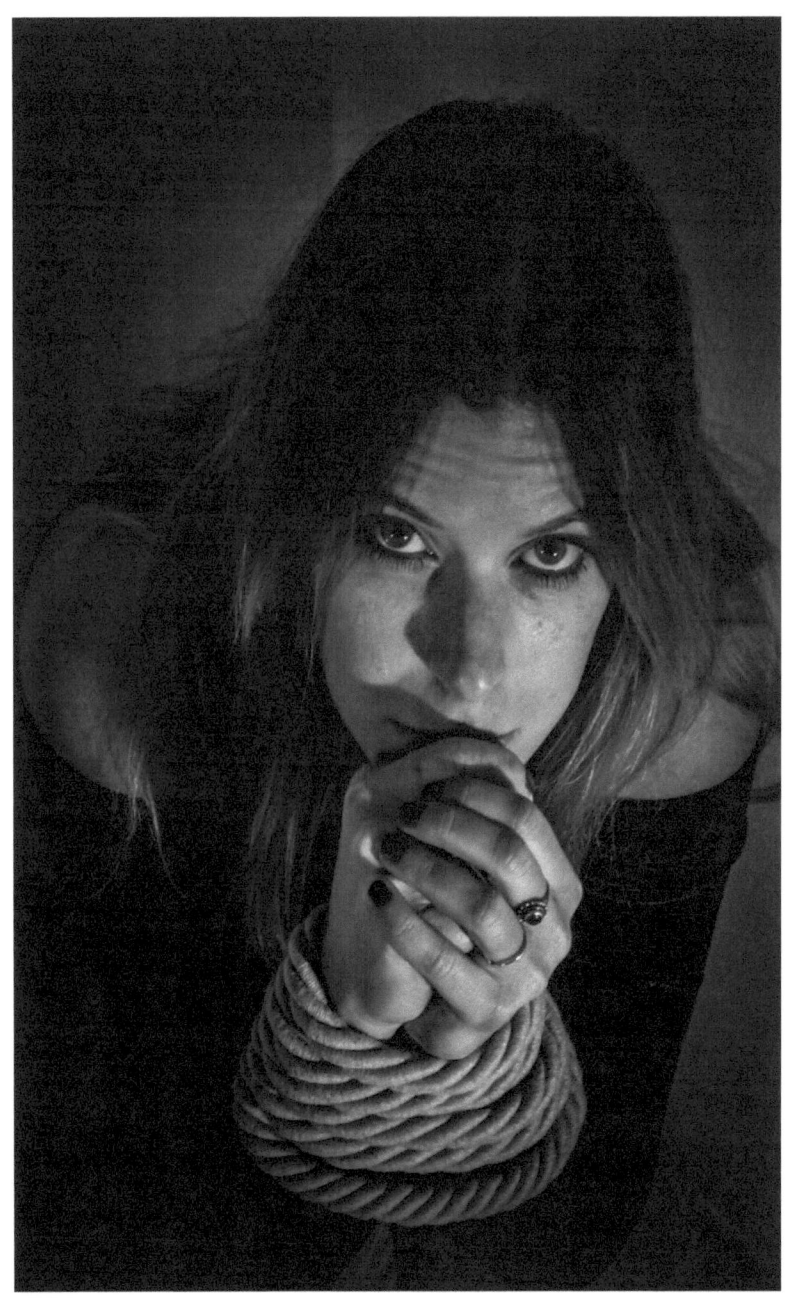

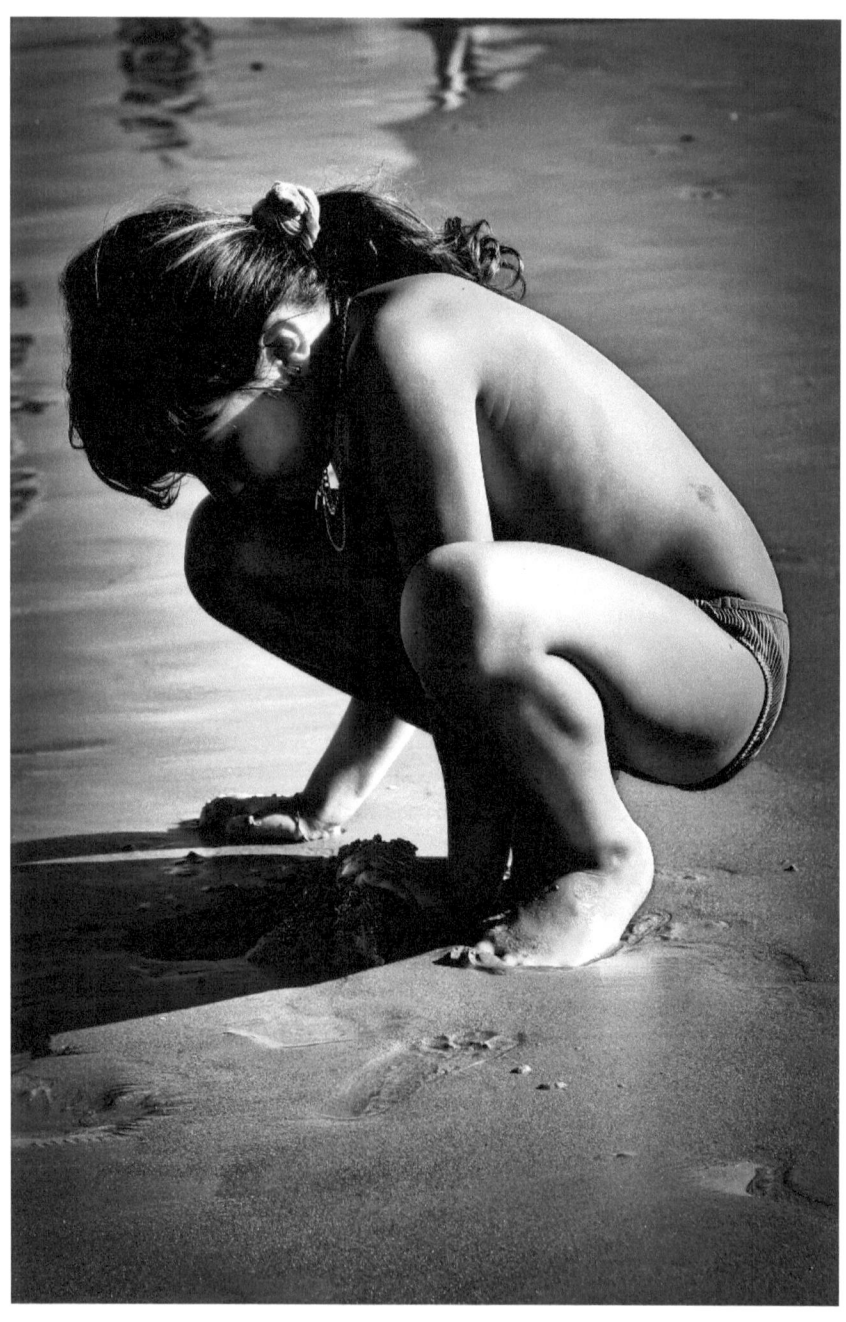

74

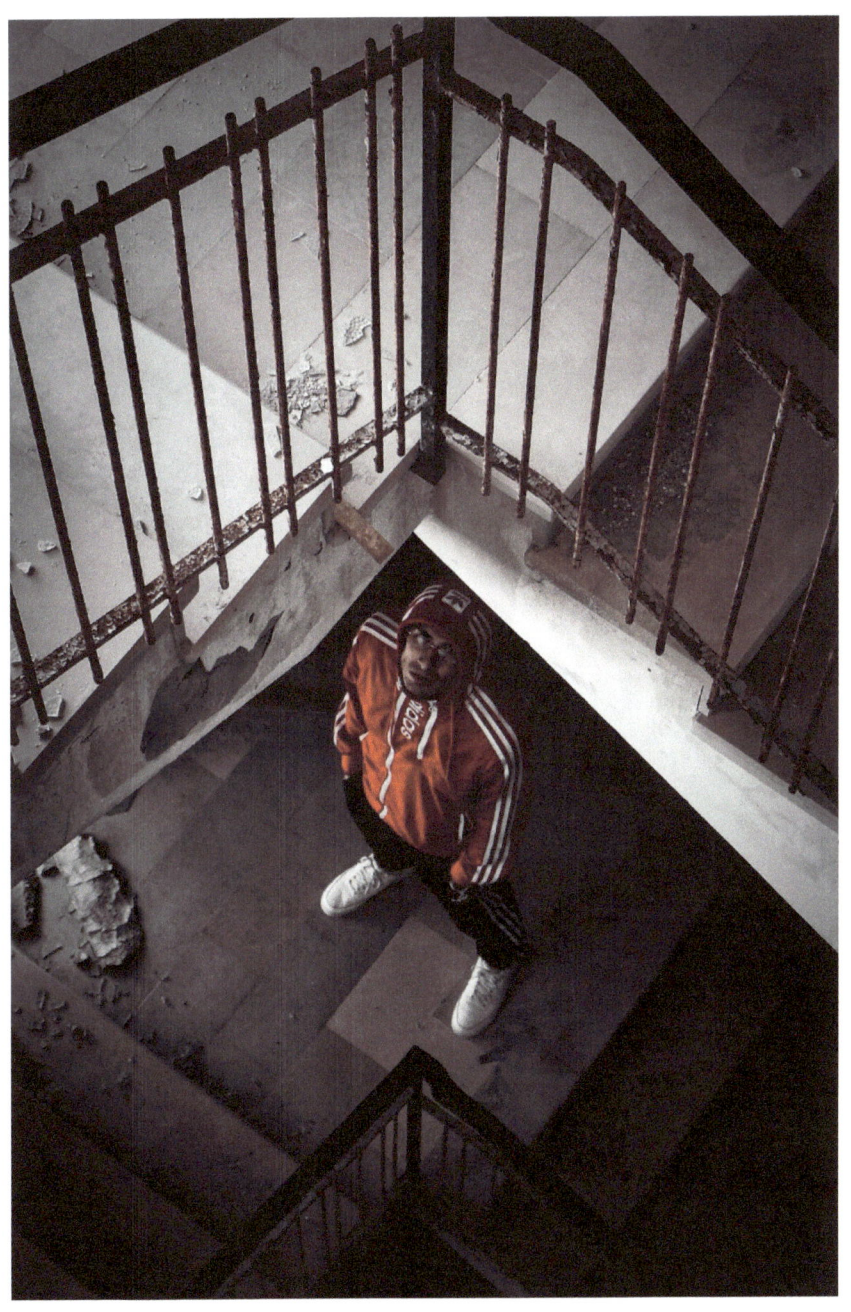

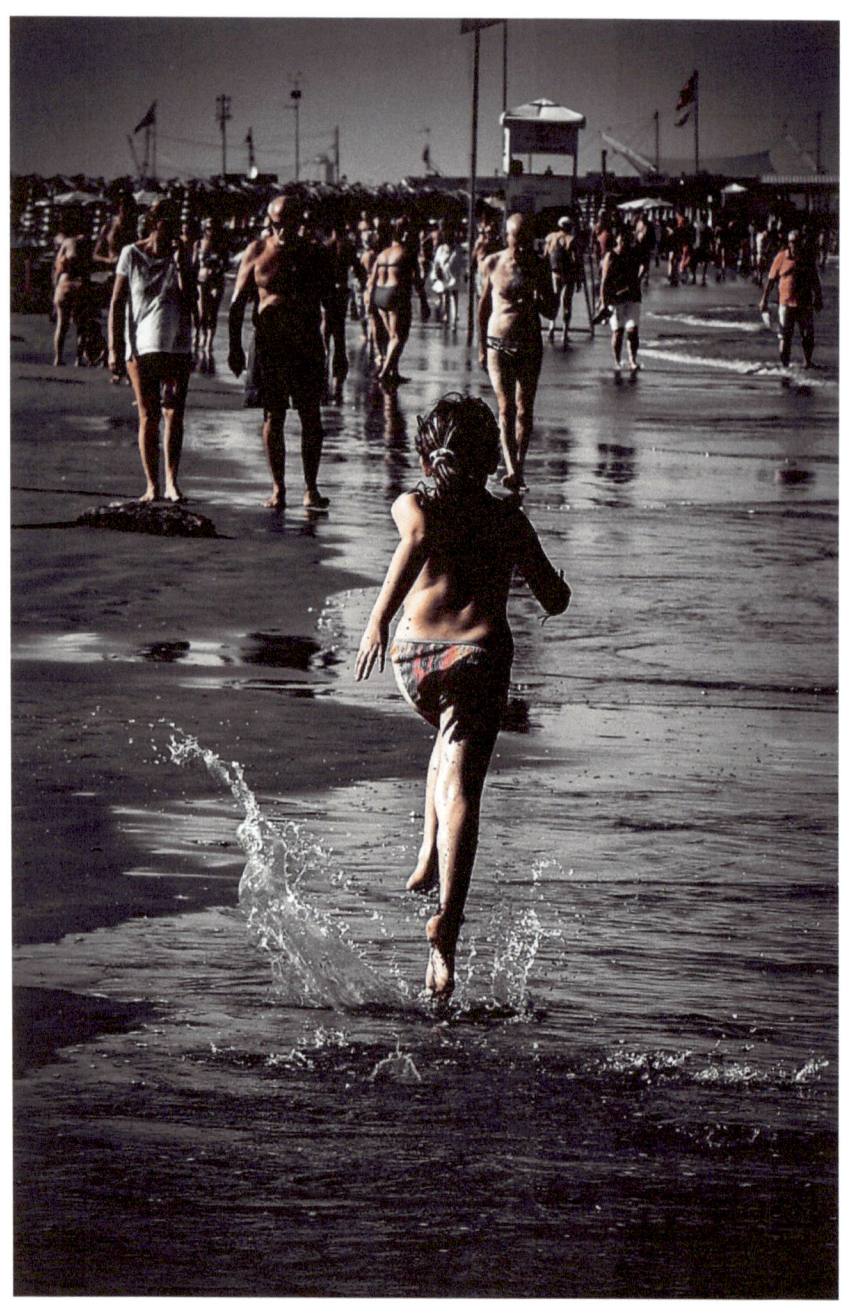

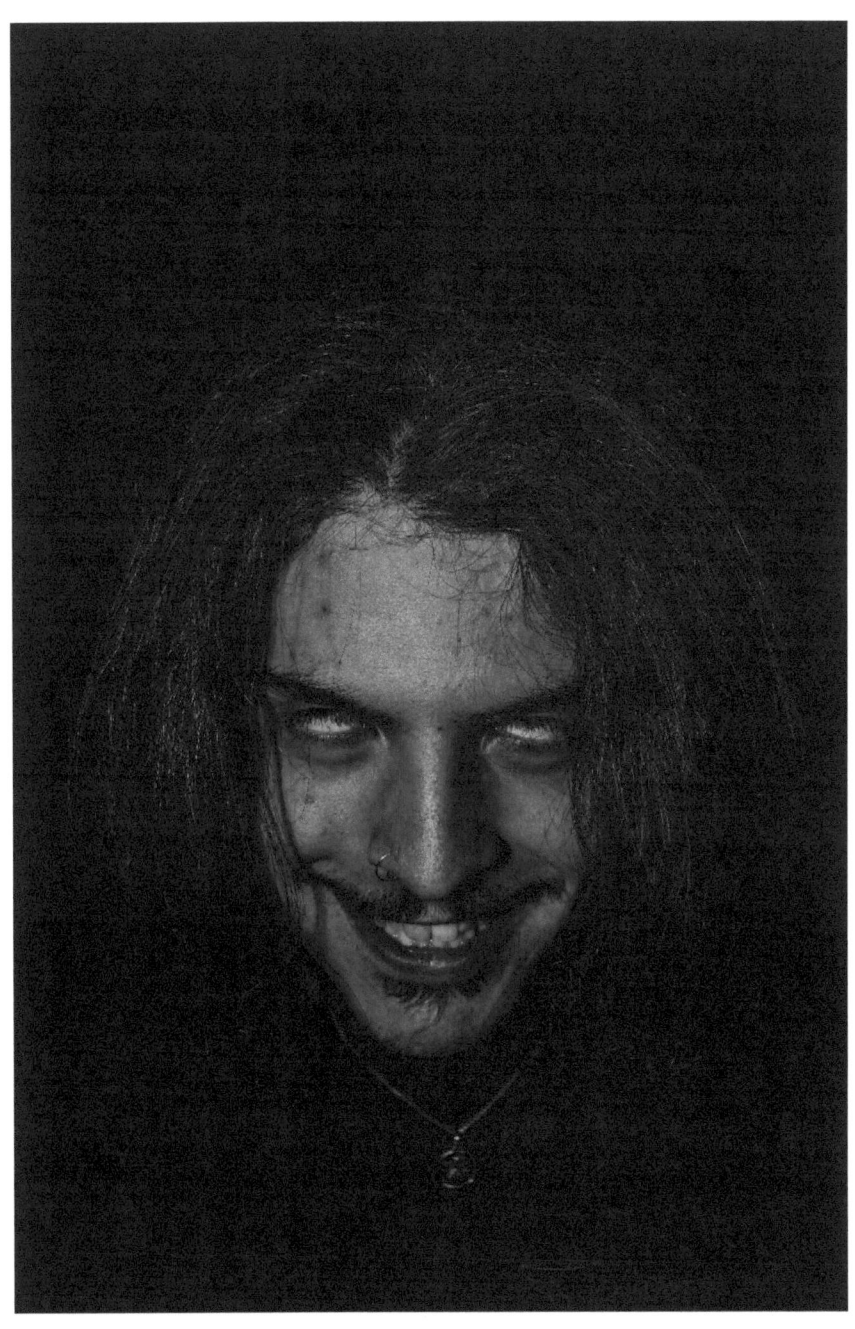

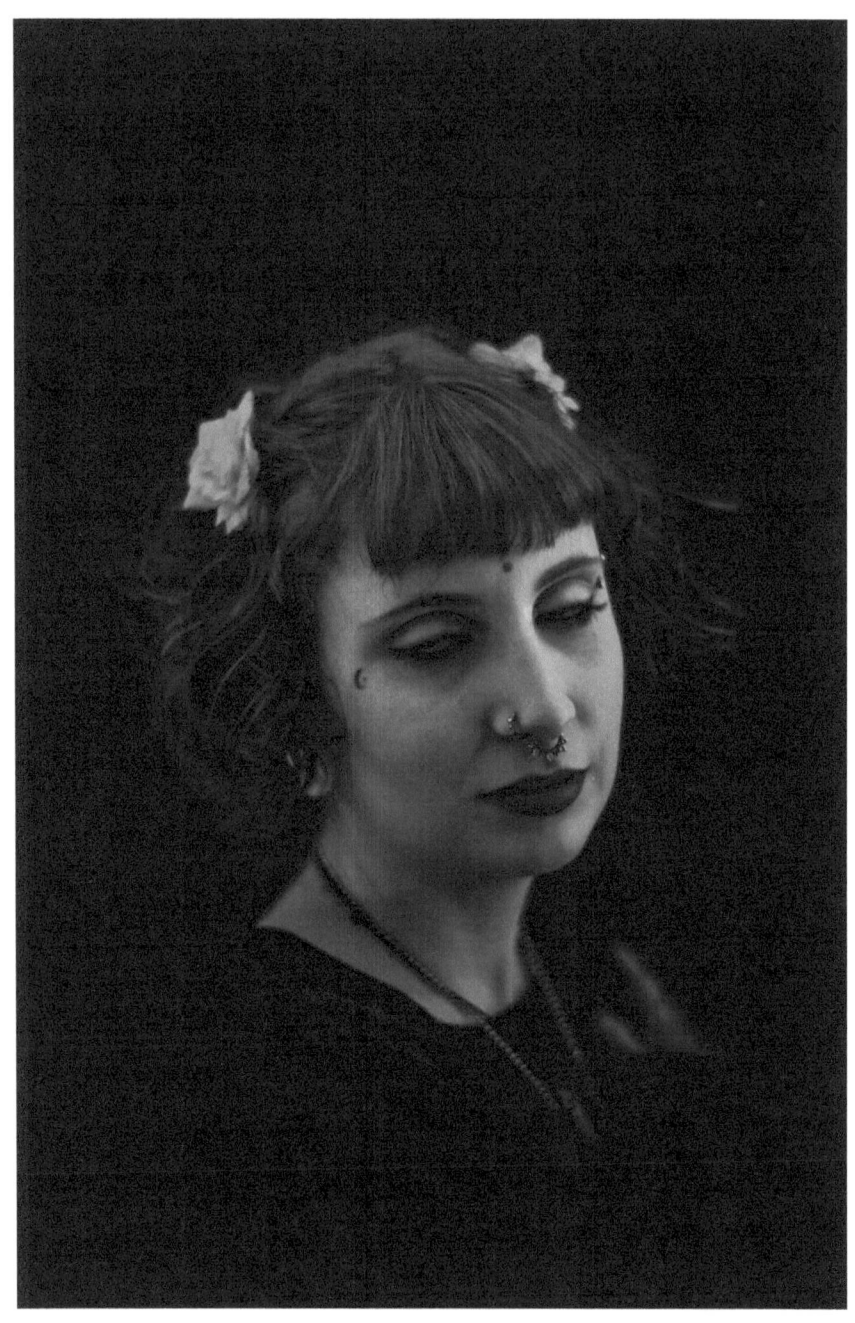

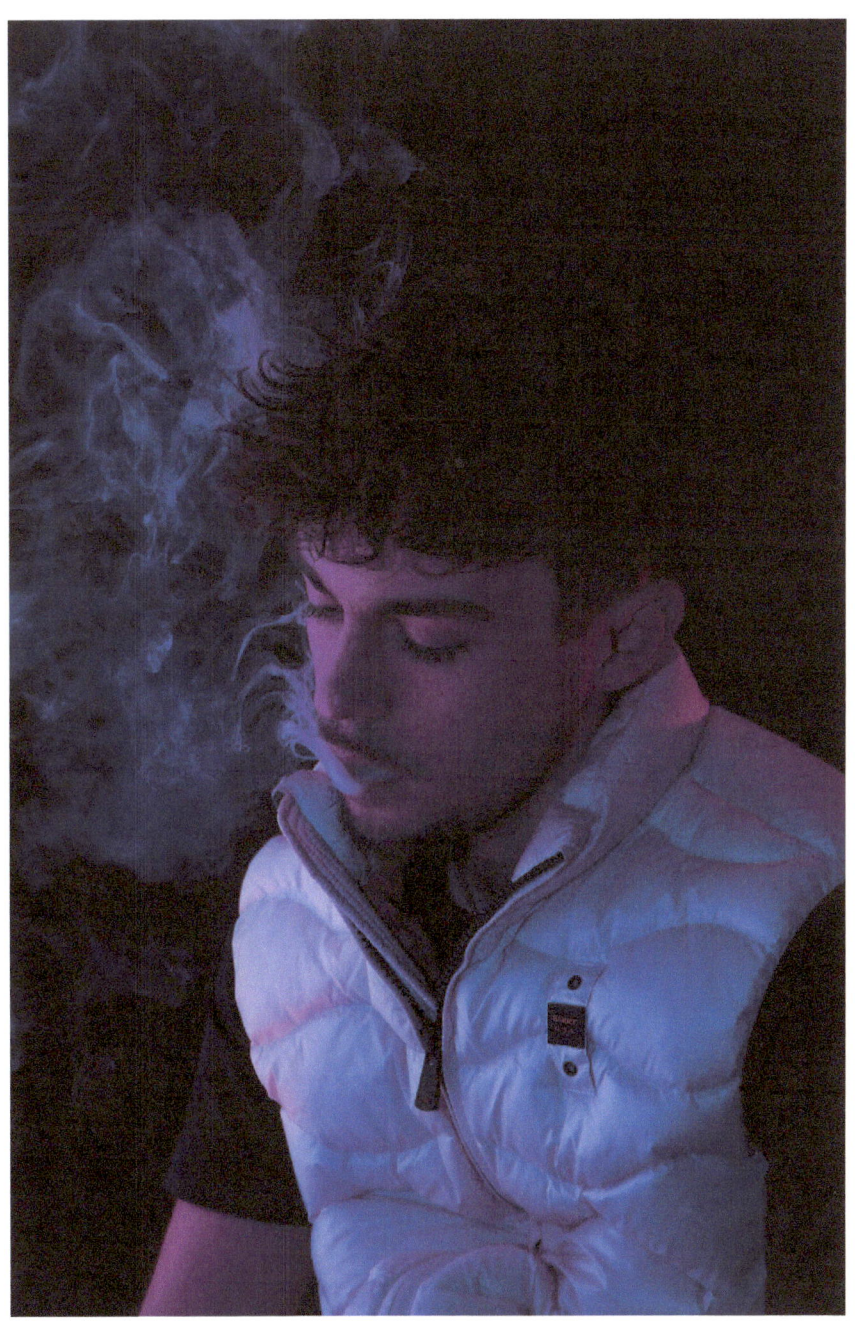

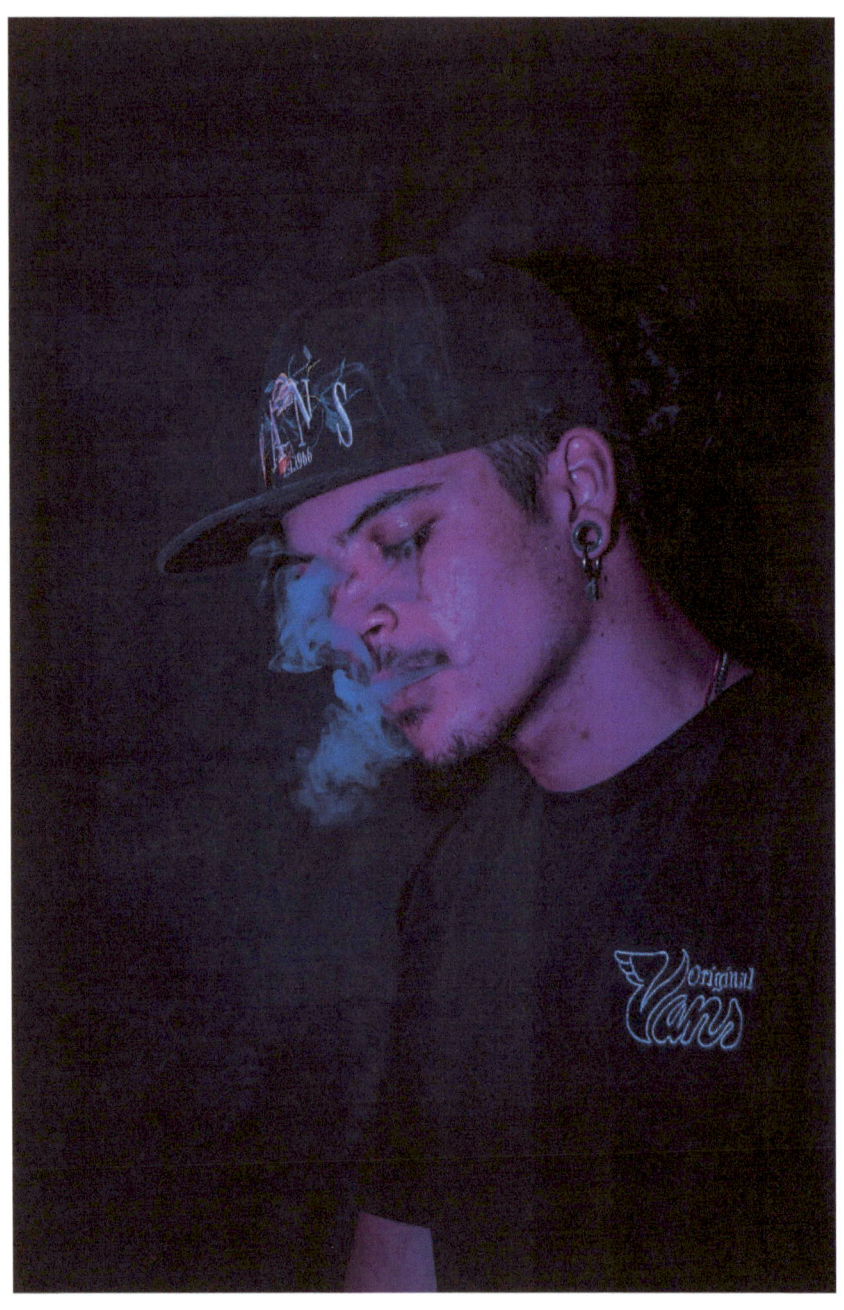

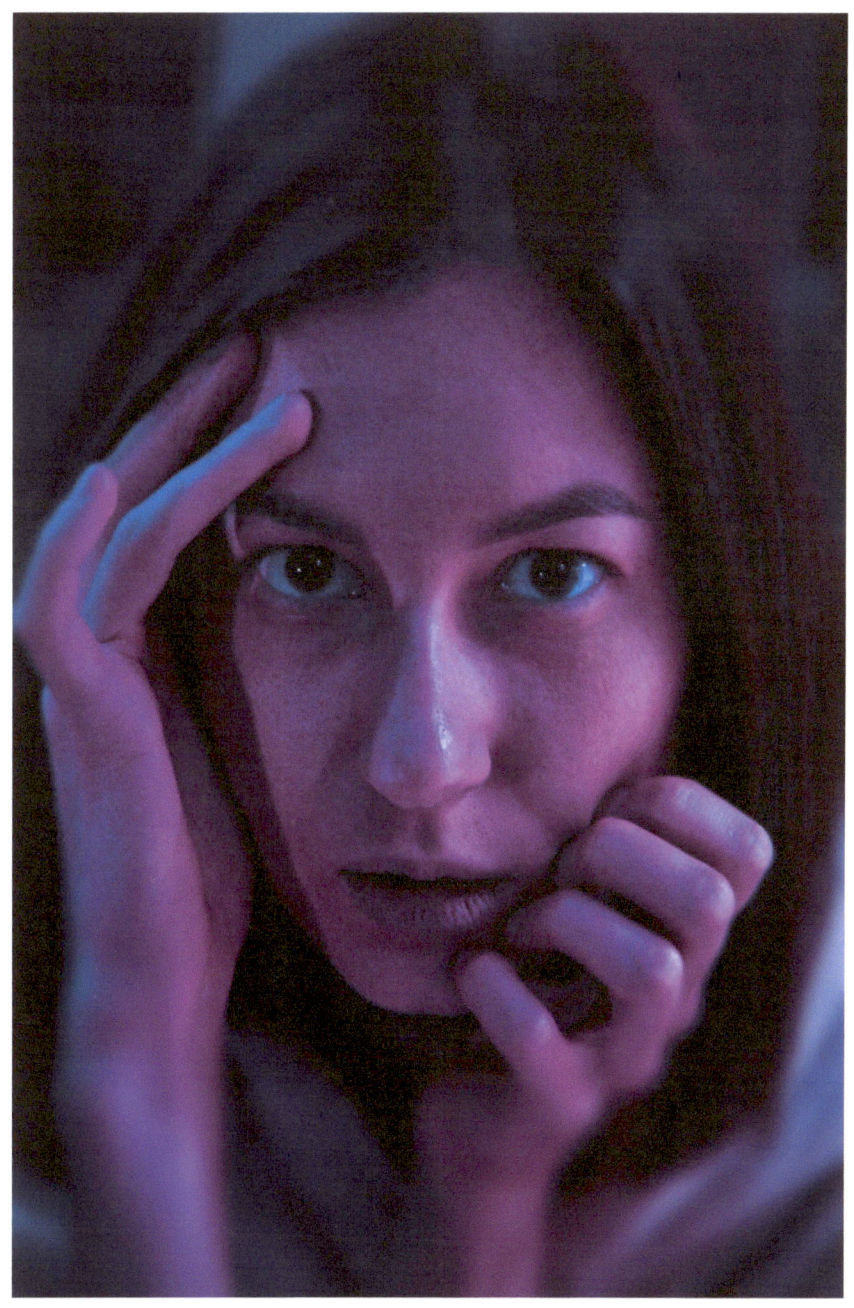

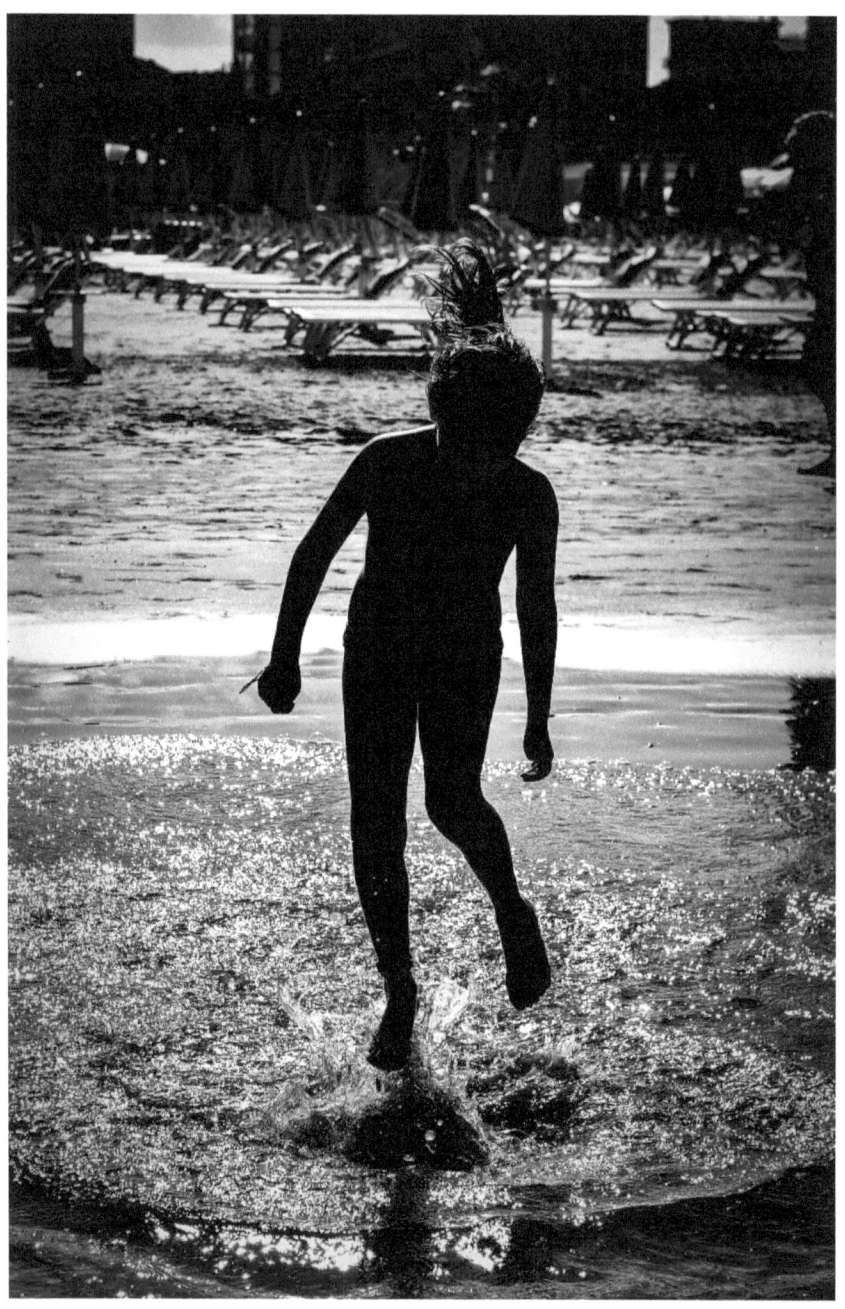

www.ingramcontent.com/pod-product-compliance
Lightning Source LLC
Chambersburg PA
CBHW042038230526
45474CB00005B/5